KB009988

의약품공급계약과 사적 자치

— 의약품 대금결제기한을 강제하는 법률(안)의
위헌성과 대안의 설계 —

이 상 돈

세창출판사

이 도서의 국립중앙도서관 출판시도서목록(CIP)은 서지정
보유통지원시스템 홈페이지(http://seoji.nl.go.kr)와 국가
자료공동목록시스템(http://www.nl.go.kr/kolisnet)에서
이용하실 수 있습니다.(CIP제어번호: CIP2014007262)

머 리 말

우리나라 국민건강보험은 아직 숱한 문제를 안고 있다. 그럼에도 불구하고 최근에는 미국 오바마 대통령의 건강보험개혁법(이른바 오바마케어)이 지향하는 모델이라고 말하기도 한다. 의료체계의 이념적 지형에서 보면, 극우라고 할 만한 미국의 의료시장과 의료체계에서 본다면, 분명 우리나라 건강보험은 이상적인 제도일지도 모른다. 이 때문인지 정부도 우리나라 국민건강보험을 매우 성공적인 제도로 자평하기도 한다. 하지만 우리나라의 건강보험은 아직 갈 길이 멀다. 보장률이 여전히 많이 낮은 편이고, 그나마도 국민의 저(低)부담(저보험료율)과 그로 인한 저(低)수가는 의료기관의 희생을 요구하고 있고, 이 희생이 장기적으로 지속가능한 것인지, 더 나아가 의료발전에 중대한 걸림돌이 되지는 않을 것인지 등이 문제로 남아 있다. 병원들은 의료순수익률이 대개 마이너스(평균 − 0.9%)이고, 장례식장 등의 운영을 통해 힘겹게 재정적자를 메워나가고 있다. 그러므로 이런 상황에서 부족한 유동성을 확보하고 유지하는 것은 병원들로서는 축재의 문제가 아니라 '생존'의 문제이다. 병원들이 유동성을 확보하는 것은 병원들만의 이익이 아니라 공익을 실현하는 측면이 있다. 왜냐하면 병원들이 계속 존속·발전해야 국민들도 높은 의료접근성을 누릴 수 있고, 정부가 그토록 자랑하는 국민건강보험제도도 지속가능해지기 때문이다.

그런데 생존을 위한 재정관리의 일환으로 병원들은 판매자들과의 계약적 합의를 통해 의약품 구매대금을 비교적 또는 상당히 늦게 결제한다. 이 늦은 대금결제는 실은 국민건강보험법이 후불진료(진료 먼저하고 그 다음 공단에 비용청구)의 제도를 갖고 있는 점에서 비롯되기도 한다. 후불진료체제에서는 의약품도 후불구매를 할 수밖에 없고, 게다가 계속적 물품공급계약인 의약품공급계약에서는 공급분과 대금결제가 구조적으로 상당한 정도의 시간차를 가질 수밖에 없다. 물론 대금결제는 그 구조적으로 비롯되는 시간적 간극보다는 좀 더 늦게 이루어지는 것이 현실이다. 이를 통해 확보되는 유동성(현금, 이자)은 만성적인 재정적자에 시달리는 우리나라 병원들에게는 비록 작지만, 가뭄 속의 단비처럼 존속을 위한 재정적 자원의 작은 한 부분이 된다. 다시 말해 늦은 대금결제는 병원의 존속을 가능케 하는 한 요소가 되고, 이로써 요양기관의 90% 이상이 민간의료기관인 우리나라의 건강보험체계도 지속가능할 수 있게 된다. 그러므로 늦은 대금결제는 단기적으로는 병원의 이익이지만, 장기적으로는 건강보험체계와 국민들에게 이익이 된다고 볼 수 있다.

이런 현실은 사익의 추구를 통하여 공익이 실현되는 모습이라 할 수 있다. 사익을 통한 공익의 실현은 사회적 시장경제의 원리를 채택한 우리나라 헌법에서도 높이 살 만한 현실이다. 바꿔 말하면 사회적 시장경제의 원리를 채택한 헌법의 입장에서 사적 자치(사적 자율, private autonomy)를 통하여 공익이 충분히 실현될 수 있다면, 그보다 더 나은 현실을 기대하기 어려울 것이다.

이 점에서 요양기관으로 편입되어 있지 않은 의약품 공급자(제약회사나 의약품 도매상)와의 계약적 조정을 통해 대금결제를 늦춤으로써 유동성을 확보하는 병원들의 노력은 아직 국가가 개입하여 통제를 해야 할 필요가 있는 행위라고 볼 수 없다. 그럼에도 불구하고 의료순수익률이 평균 - 0.9% 내외인 병원과 영업이익률이 평균 약 1% 내외인 도매상, 그리고 심지어 영업이익률이 약 10% 내외인 제약회사 사이의 의약품공급계약에서 대금결제기한을 단기(예: 3월, 6월)로 강제하려는 법안(의료법 및 약사법 개정안)이 2012년과 2013년 말에 국회에 제출된 바 있다. 이 법안은 법이론적으로는 사회적 시장경제질서를 잘못 이해하고, 왜곡 적용한 것으로 보인다.

이 오해와 왜곡은 아마도 병원과 제약회사, 병원과 의약품 도매상의 관계를 마치 주택이 십수 채나 되는 돈 많은 임대인과 집 없는 가난한 (주택)임차인의 관계나 하도급인과 수급인(하청기업)의 관계, 바꿔 말해 요즘 우리 사회에서 유행하는 갑(甲)과 을(乙)의 관계, 사회적 강자와 약자의 관계에 잘못 대입한 데서 비롯되는 듯하다. 그러나 병원과 제약회사 또는 도매상은 수평적인 거래당사자들에 불과하다. 이익률로만 본다면 제약회사가 오히려 갑이고 병원이 을이다. 물론 병원의 의사들이 갖는 전문의약품에 대한 처방권은 불법리베이트의 수단으로 남용되기도 한다. 그러나 이는 형법상 배임수재죄와 몇 년 전 의료법과 약사법에 신설된 불법리베이트의 죄에 의해 통제되어야 하는 것일 뿐이다.

또한 그런 오해와 왜곡은 병원이 우월한 지위를 갖고 있고 이를 남용한다고 보는 시각에서도 비롯된다. 우월한 지위는 원래 공정거래법적 규제의 근거가 된다. 그러나 공정거래법의 보편적인 법리에서 보면, 병원들은 시장지배나 카르텔을 맺는 행위자들이 아니라는 점에서 그런 지위를 갖고 있다고 보기가 어렵다. 우월한 지위의 개념은 가치충전이 필요한 개념(wertausfüllungsbedürftiger Begriff)이다. 매우 불확정적인 개념인 것이다. 바로 이 불확정적 개념인 '우월한 지위'의 개념은 수사학적으로 변용되기도 쉽다. 나의 추측으로는 아마도 우월한 지위의 개념이 '처방권' 개념에 환유(metonymy)됨으로써 병원들이 수사학적으로 제약회사에 대해 우월한 지위를 갖는다고 생각하게 된 것 같다. 그러나 이런 환유가 얼마나 잘못된 것인지는 제약회사의 높은 수익률이 이미 웅변적으로 말해주고 있다.

병원과 제약회사 그리고 의약품 도매상의 관계 현실을 직시해보면, 그들은 대금결제의 시기를 계약적으로 조정함으로써 모두의 존속과 발전을 위한 노력을 하고 있는 것으로 보인다. 요즘 유행하는 말로 상생(相生)의 관계에 있는 것이다. 그 한에서 의약품공급계약의 사적 자치는 정상적으로 작동하고 있다고 보인다. 이를 존중하는 것은 우리 헌법이 요구하는 바이다. 다만 가령 수익률이 5% 이상인 병원들이 있다면, 그리고 그들이 건강보험법상의 요양급여비용 결제체제에 의해 구조적으로 소요되는 기간보다 상당히 긴 시간이 경과한 후에야 비로소 의약품 대금의 결제를 하고 있다면, 이러한 개별적인 부정의는 분명 교정될 필요가 있을 것이다. 그러나 그 교정도 대부분의 병원이 재정적자의 위험에 처해 있는 상황에서는 규제와 처벌이 아니라 유도와 조정의 법에 의해 이루어져야 한다. 그렇지 않으면, 사적 자치의 순기능을 초토화시키는 농약을 민간부분에 무차별적으로 살포하는 것과 같다. 개별사안의 부정의를 교정하기 위해 그 개별사안을 모든 사안으로 간주하는 '일반화의 오류'는 규제의 과잉을 초래하기 쉽다.

이상에서 설명한 바는 이 책이 의약품공급계약

에서 늦은 대금결제의 현실이 갖는 의미를 해석하는 기본 관점이다. 그리고 이 관점은 내가 지금까지 펼쳐온 의료체계와 법체계에 관한 이론들과 완전히 정합적인 것이다. 공적 자율과 사적 자율을 동시에 달성하려는 나의 관점이 의약품공급계약의 대금결제시기에 관한 문제에도 관통하고 있는 것이다. 아무쪼록 이 책이 의약품공급계약에서 최근 문제되고 있는 사적 자치에 관한 규제 필요성과 그 방법 등에 관한 논의에서 귀담아들을 만한 목소리로 살아남기를 간절히 기원해 본다.

끝으로 이런 전문적인 성격의 책을 기꺼이 출간해주신 세창출판사 이방원 대표님과 임길남 상무님, 그리고 편집담당 강윤경님께 감사의 마음을 전하고 싶다. 아울러 원고 교정을 해준 고려대학교 대학원 권지혜 양에게도 고마움을 전한다.

2014년 2월 10일
고려대학교 연구실에서
이 상 돈

차 례

[1] 의약품 대금의 늦은 지급과 지급기한의 법정화

[3] 의약품공급계약을 제한하는 법리의 분석

[4] 의약품공급계약의 사적 자치를 제한하는
법률개정안의 위헌성

[5] 대안 : 유도와 조정의 법정책

[6] 결론요약

의약품공급계약과 사적 자치

[1] 의약품 대금의 늦은 지급과 지급기한의 법정화

I. 의약품대금의 지급실태

의약품 구입자(의료기관, 특히 대형병원)가 의약품 판매자(제약회사, 도매상)로부터 의약품을 구입한 후 그 대금을 결제할 때까지는 상당한 시간이 걸린다고 한다. 현재 이러한 의약품 대금지급의 결제기한을 법적으로 강제하려는 법률안이 제안되어 있다.

1. 의약품대금 지급기간의 조사결과

그러면 의료기관 등은 도대체 의약품 대금을 얼마나 늦게 지급하고 있는 것일까?

(1) 보건복지부와 대한병원협회의 공동조사

2013. 7월부터 10월 사이에 보건복지부와 대한
병원협회가 병원급에 대해 공동 조사한 결과를 보
면 다음과 같다. 도표 1[1])을 보면 병원들은 대부분

도표 1 : 보건복지부-대한병원협회의 조사결과 (2013년)

구 분	회신병원수	구입부터 공단의 지급까지 (일)	구입부터 대금 결제까지 (일)	월평균 약품비 (억원)	계약서상 대금 지급 시기 (일)	2012년 의료순수익 (%)	2012년 당기순이익 (%)
병원 (30병상 이하, 전국 1418개소)	91	109.6	102.0	0.6	-	1.8	3.6
종합병원 (100병상 이상, 전국 324개소)	78	100.4	200.0	6.4	172	- 3.6	- 0.8
상급종합병원 (종합병원 중 일정 요건 충족하는 전국 43개소)	19	89.9	208.5	37.9	154	- 0.9	- 1.1
계(평균)	188	100.0	170.0	15.0	163	- 0.9	0.6

---

1) 이 도표는 대한병원협회에서 제공받은 보건복지부-대한병
원협회 공동조사결과에 관한 자료에 기초해 작성함.

재정적자에 시달리고 있으며, 이 재정적자와 의약
품 대금의 늦은 지급은 깊은 연관관계를 갖고 있는
것으로 보인다.

(2) 평균 70일(계약상 63일)의 결제지연과 평균 −0.9%의 재정적자

이 조사결과를 보면 요양기관이 의약품을 구매
하여 공단에 심사청구하고, 의약품비를 지급받는
데 걸리는 기간은 평균 100일이고, 요양기관이 공
단으로부터 의약품비를 지급받은 후 의약품 판매자
에게 결제하는 데 걸리는 기간은 평균 70일이다. 또
한 의약품공급계약서상의 대금지급 시기는 평균
163일이다. 따라서 계약을 체결할 때 요양기관은
공단으로부터 지급받은 때로부터 평균 63일 정도
지나 대금을 지급하기로 합의하고 있는 셈이다. 또
한 특징적인 점은 병원들의 재정상태가 의료순수익
을 기준으로 보면 적자상태에 있다는 점이다. 이 점
은 의약품 판매자인 제약회사가 평균 10.3% 내외의
영업이익률2)을 올리고 있는 것3)과 대조된다.

---

2) 윤강재 · 김대중 · 이봉용 · 형남원 · 문성훈 · 박소라 · 유형
   석 · 천재영, *제약산업 구조분석과 발전방향*, 한국보건사회
   연구원 연구보고서 2012-07, 42쪽에 의하면 2010년 매출액
   기준으로 상위 20개사의 평균치는 영업이익률이 10.8%이
   고, 하위 20개사의 평균치는 3.3%이며, 국내 평균은 10.3%
   라고 한다.
3) 가령 우리나라 대표적인 제약회사의 몇 가지 예를 보자.
   2012년 손익계산서를 보면, D제약은 당기순이익 345억원/

24

(3) 국민건강보험법상 요양급여비용 결제절차소
요기간

여기서 요양급여비용 결제절차에 소요되는 기간(도표 1의 평균 100일)은 두 가지 기간(A+B)의 합이며, 총 대금결제기간은 이 두 가지 기간에 요양기관이 공단으로부터 비용을 지급받고 의약품 판매자에게 대금을 결제할 때까지의 기간(C)을 더한 기간(A+B+C)이 된다.

— 의약품을 구입한 후 사용하고 심사평가원에 심사청구를 할 때까지의 기간(**A 기간**)
— 병원이 심사평가원에 청구한 때로부터 심사평가절차를 거쳐 공단으로부터 비용을 지급받을 때까지의 기간(**B 기간**)
— 공단으로부터 비용을 지급받고 의약품 판매자에게 대금을 결제할 때까지의 기간(**C 기간**)

총 대금결제기간 = A + B + C
          = 요양급여비용 결제소요기간(A+B) +
           순수 대금결제지연기간(C)

A 기간은 각 병원마다 다르고, 수많은 의약품의 종류마다 다르므로 그 자체로서 정확한 통계를

매출액 6646억원으로 5.1% 수익률을, U양행은 당기순이익 807억원/매출액 7764억원으로 10.3% 수익률을, 그리고 J회사는 당기순이익 257억원/매출액 4612억원으로 5.5% 수익률을 기록하고 있다.

내기가 매우 어렵다. 그런데 비용의 심사청구부터 공단의 지급시점까지의 기간(B)은 현재 평균 1개월(30일) 정도 걸린다고 추정되며, 최근에는 국민건강보험관리공단과 건강보험심사평가원의 노력으로 점점 더 짧아지는 추세에 있다고 한다. 그렇다면 A+B=100일이므로 A 기간은 약 70일 가량일 것으로 추정된다[A = 100일 − B기간(약 30일) = 70일]. 국민건강보험법상 요양급여비용의 심사청구는 요양급여를 제공한 후에 하는 것(속칭 '외상진료')4)이고, 그

---

4) 이 외상진료는 환자의 질병이 제3자에 의해 발생한 경우(예: 의사의 의료과실사고)에도 인정된다. 국민건강보험법 제58조(구상권)는 "① 공단은 제3자의 행위로 보험급여사유가 생겨 가입자 또는 피부양자에게 보험급여를 한 경우에는 그 급여에 들어간 비용 한도에서 그 제3자에게 손해배상을 청구할 권리를 얻는다. ② 제1항에 따라 보험급여를 받은 사람이 제3자로부터 이미 손해배상을 받은 경우에는 공단은 그 배상액 한도에서 보험급여를 하지 아니한다"고 규정함으로써 먼저 요양급여를 행하고, 그 비용은 제3자(예: 의료사고 의사)에 대한 구상권을 통해 조달한다. 헌법재판소는 이런 〈선 요양급여, 후 구상〉의 법제에 대하여 "피해자의 건강보험수급권을 우선적으로 보장하는 한편, 가해자의 손해배상 전에 보험급여가 이루어져서 발생하게 되는 복잡한 권리·의무 관계를 간결하게 하여 민사법의 기본원리인 과실책임원칙을 달성하고, 구상권 행사를 통하여 건강보험 재정의 건전성을 유지하는 것을 목적으로 한다. …(중략)…이 사건 법률조항은 공단, 피해자인 환자, 가해자인 의사 사이의 법률관계를 민사법의 기본원칙인 과실책임 및 구상권에 관한 일반원칙에 따라 적절하게 조정하고 있으며, 이러한 민사법상의 법익균형과 함께 건강보험 재정의 건전성을 도모하고자 하는 공익은 이로 인하여 제한되는 의사의 사익보다 중하므로, 이 사건 법률조항은 청구인의 직업수행의 자유 및 재산권을 침해하지 아니한다"(헌재 2012.5.31. 2011헌바

로 인해 의약품구매도 법률상 (비록 어음결제를 할지라도 실질적으로는) '외상구매'를 할 수밖에 없게 되어 있다. 그런 점에서 (A+B)의 기간은 국민건강보험법상 요양급여비용 결제절차소요기간이라고 개념화할 수 있다. 이 요양급여비용 결제소요기간은 요양기관에게 의약품 대금결제의 책임을 물을 수 없는 기간이 된다.

2. 병원의 재정적자와 지급기간 사이의 비례성

그러면 위 조사결과의 의미를 어떻게 해석할 것인가? 도표 1을 자세히 보면 병원들 간에도 유의미한 차이가 있음을 알 수 있다.

(1) 의료기관에게 귀책가능한 지연기간과 재정적자

약제비를 심사평가원에 심사청구한 때로부터 공단이 (심사평가기간을 포함하여) 비용을 지급하는 날까지(B기간)를 평균 1개월(30일) 정도라고 본다면, 요양기관이 공단으로부터 지급받은 날로부터 의약품 판매자에게 결제할 때까지의 기간(C기간)은 평균 2개월 안팎(계약상 63일, 실제지급 70일)이며, 따라서 병원들에게 대금결제의 지연을 귀책할 수 있는 기간(C기간)은 공단의 대금지급기간(B기간)의 약

---

127 결정)고 보아 합헌결정을 내린 바 있다.

2배 정도라고 할 수 있다. 이 두 배의 기간은 병원들이 의료순수입을 기준으로 평균 － 0.9%의 재정적자를 기록하고 있다는 점을 고려할 때 의료기관이 우월적 지위를 남용하여 대금결제를 지연하고 있다고 보기 어렵게 만든다.

(2) 병원급 사이의 차이의 의미

그런데 위 조사결과를 보면 병원급 사이에 유의미한 차이가 있다.

1) 〈병원 → 종합병원 → 상급종합병원〉의 순　병원은 공단의 지급일보다 오히려 7.6일 더 빨리 의약품 대금을 결제하고 있으며, 종합병원은 99.6일 늦게, 그리고 상급종합병원은 118.6일 늦게 대금을 결제하고 있다. 이러한 〈병원(-7.6일) → 종합병원(99.6일) → 상급종합병원(118.6일)〉의 순서는 당기순수익률(%)이 나쁜 순서인 〈병원(3.6%) → 종합병원(-0.8%) → 상급종합병원(-1.1.%)〉과 일치한다. 다시 말해 재정상황이 어려울수록 의약품 대금지급기일이 상대적으로 더 늦어진다는 점이다. 이런 비례관계는 병원들의 의약품 대금지급이 늦은 이유가 우월한 지위를 남용하기 때문이 아니라 재정상황에서 비롯되는 부득이한 점에 있는 것임을 추측할 수 있게 해준다.

2) 〈의원 → 병원 → 종합병원 → 상급종합병원〉의 순　그 밖에 한국의약품도매협회의 조사에 의

하면 병원급 의료기관(1,845곳)의 대금 지급은 28%가 3개월 내, 36%는 6개월 이상이었으며, 의원급 의료기관(1만 2,771곳)의 대금 지급은 51%(6,528곳)가 3개월 내, 22%(1,754곳)가 6개월 이상이었다고 한다.5) 이처럼 의원급 의료기관은 병원보다 의약품 대금을 상대적으로 더 일찍 지급하고 있는 것으로 보인다. 그 이유는 아마도 의원급 의료기관의 재정적자가 병원급보다 적음은 물론이고, 더 나아가 흑자를 유지하지 않으면 개업의들은 폐업하는 경향을 보인다는 점에서 평균적으로 높은 수익률과 당기순이익률을 보일 것으로 추정할 수 있다. 이 추정이 타당한 것이라면, 도표 1에서 추론한 《병원 → 종합병원 → 상급종합병원》의 순은 《의원 → 병원 → 종합병원 → 상급종합병원》의 순으로 확장될 수 있다. 따라서 다음과 같은 명제가 성립하게 된다.

> 의료기관의 재정상황(순이익률)이 안 좋을수록 의약품 대금결제의 시기는 그에 비례하여 늦어지고, 재정상황이 좋을수록 의약품 대금결제의 시기는 그에 비례하여 빨라진다.

---

5) 이는 청년의사 http://www.docdocdoc.co.kr/news/news view.php?newscd=2013072200035에 보도된 내용임.

⑶ 계속적 의약품공급계약의 특성으로 인한 유동성 확보

하지만 만성적인 재정적자의 책임이 저수가 체제뿐만 아니라 병원에게도 있다면, 대금결제의 지연에 대해서 병원 역시 책임을 피할 수는 없다. 그러나 그런 지연이 병원에 책임을 물을 수 없는 지연으로 해석할 여지가 위 조사결과에서 나타나고 있다. 무엇보다도 병원들에게 귀책 가능한 대금지연기간(C기간)이 의료기관에게 귀책할 수 없는 또 다른 기간인 외상진료로 인한 기간, 즉 의약품을 구매하여 사용하고 심사평가원에 심사청구를 한 때까지의 기간(A기간 = 평균 70일)과 동일하다는 점은 매우 의미심장하다.

1) 계속적 의약품공급계약에서 구매와 결제의 정상적인 시간차의 모형   여기서는 뒤에서 자세히 설명하는 바와 같이 의약품구매계약이 계속적 물품공급계약이라는 점과 요양급여가 후불진료(속칭 외상진료)이고, 따라서 그 후불진료에 사용되는 의약품의 구매도 후불구매('외상구매')일 수밖에 없다는 점을 함께 고려하는 것이 필요하다. 후불진료와 후불구매의 의료기관에게 귀책 가능한 결제지연기간(C기간)이 〈구매-사용-심사청구〉라는 귀책 불가능한 기간(A기간)과 동일하다는 점은 의료기관에 귀책 가능한 결제지연기간(C기간)이 병원들의 고의적인 지연 때문이 아니라 이와 같은 계속적 물품공급계

약의 특성인 '선'구매(및 사용과 심사청구)와 '후'결제
의 시간차(時間差)에서 비롯되는 것이라고 해석할
여지가 있다. 물론 이때 시간차는 〈구매-사용-심사
청구〉와 〈요양급여비용결제-의약품대금결제〉라는
두 기간을 단위로 하여 파악된 것이다.

도표 2 : 〈후불진료-후불결제의 체계〉에 따른 계속적
의약품공급계약에서 구매와 결제의 시간차 모형

기간	평균 70일	평균 70일	평균 70일	…	평균 70일	
구매	1 회차 구매 (→진료 → 비용 청구 및 수령)	2 회차 구매 (→진료 → 비용 청구 및 수령)	3 회차 구매 (→진료 →비용 청구 및 수령)	… … … … …	n-1 회차 구매 (→진료 →비용 청구 및 수령)	n 회차 구매 (→진료 →비용 청구 및 수령)
결제		1 회차 결제	2 회차 결제	… … …	……	n-1 회차 결제
기간		평균 70일	평균 70일		……	평균 70일

　　2) 재정적 변화에 대비하는 유동성 확보　　이와
같이 계속적 물품공급계약에서 구매대금을 공단으
로부터 상환받는 기간만큼 그 대금을 병원이 보유
하고 있는 것은 계속적 물품공급계약에서 다음 회
차의 구매와 그 사이에 유동적으로 변화하는 재정
상태에 대응하는 유동성(현금)을 확보하기 위한 것

으로 볼 수 있다. 그렇다면 대금결제의 지연은 병원들이 책임져야 할 일이 아니라 국민건강보험법상 요양급여비용 결제체계의 탓으로 돌려야 한다. 물론 병원의 현실에서는 반복되는 구매의 간극이 70일보다 더 짧을 수 있고, 그럴 경우에 대금결제는 이 전 회차 구매분에 대한 결제가 아니라 2회, 3회 더 이전의 구매분에 대한 결제일 수 있다. 이 경우 병원에게 귀책 가능한 대금결제의 지연범위가 좀 더 넓어지게 되고, 병원이 유동성을 확보하는 재량을 더 많이 갖는 것이 된다.

3. 대금결제시기를 가급적 늦출 것을 의무화하는 배임죄

이렇게 보면 병원 등이 의약품공급계약을 체결할 때 계약상대방과 협의를 거쳐 합의의 방식으로 대금결제기일을 다소 늦게 정하는 행위는 병원의 입장에서 보면 병원의 재정적자에 대응하고 병원을 존속시키기 위한 합리적 재정운영에 속한다.

(1) 적극적 재산관리행위로서 가급적 늦은 대금결제일의 계약체결

이 합리적 재정운영은 병원의 경영진에게는 하나의 형법상 의무이기도 하다. 왜냐하면 뒤에서 살펴겠지만, 만일 대금결제기일을 늦게 정하는 의약품공급계약의 체결이 사회법적인 한계를 일탈하지 않았고(아래 [3] Ⅰ. 참조), 공정거래법적 규제와 처벌이 필요한 우월한 지위의 남용에 해당하는 행위가 아니면서(아래 [3] Ⅱ. 참조) 불법리베이트죄에 해당하지도 않는데도(아래 [3] Ⅲ. 참조), 재정적자에 빠진 병원의 경영진이 의약품구매계약을 할 때 가급적 대금기일을 늦게 설정함으로써 이자소득을 올리거나, 재정적 위기에 대응하는 유동성을 확보하는 노력을 하지 않는다면, 그는 형법상 업무상 배임죄(형법 제356조)를 범하는 것이 되기 때문이다. 업무상 배임죄는 "타인의 사무를 처리하는 자"에게 신탁관계에서처럼 재산을 보존할 의무뿐만 아니라 재산을 증식시킬 적극적 재산관리의무를 부과한다고 해석된다. 이렇게 볼 때 사적 자치의 정당한 범위 안에서라는 조건(아래 [3] 참조)이 지켜진다면, 대금결제일을 가능한 늦게 정하는 것은 병원의 경영진이 업무상 배임에 빠지지 않기 위해 반드시 해야 할 의무가 된다. 판례도 이런 의무를 인정한다고 해석된다. 왜냐하면 판례는 아래에서 설명하듯이 소극적 손해를 손해의 개념에 포함시키고 있는데, 이런 해석은 타인의 사무를 처리하는 자를 '적극적 재산관리의무'가 있는 자에 국한시키는 해석과 정합성(coherence)을 이루는 것이기 때문이다.

(2) 소극적 손해로서 이른 대금결제일의 계약체결

판례는 그런 의무의 위반으로 "객관적으로 보아 취득할 것이 충분히 기대되는데도 임무위배행위로 말미암아 이익을 얻지 못한 경우"(대법원 2003. 10.10. 선고 2003도3516 판결[6]; 대법원 2008.5.15. 선고 2005도7911 판결)에 소극적 손해를 인정함으로써 배임죄가 성립한다고 본다.[7] "이러한 소극적 손해는 재산증가를 객관적·개연적으로 기대할 수 있음에도 임무위배행위로 이러한 재산증가가 이루어지지 않은 경우를 의미하는 것이므로 임무위배행위가 없었다면 실현되었을 재산 상태와 임무위배행위로 말

6) "업무상배임죄에 있어서 본인에게 손해를 가하다 함은 총체적으로 보아 본인의 재산상태에 손해를 가하는 경우를 말하고(대법원 1972.5.23. 선고 71도2334 판결 등 참조), 위와 같은 손해에는 장차 취득할 것이 기대되는 이익을 얻지 못하는 경우도 포함된다 할 것인바, 금융기관이 금원을 대출함에 있어 대출금 중 선이자를 공제한 나머지만 교부하거나 약속어음을 할인함에 있어 만기까지의 선이자를 공제한 경우 금융기관으로서는 대출금채무의 변제기나 약속어음의 만기에 선이자로 공제한 금원을 포함한 대출금 전액이나 약속어음 액면금 상당액을 취득할 것이 기대된다 할 것이므로 배임행위로 인하여 금융기관이 입는 손해는 선이자를 공제한 금액이 아니라 선이자로 공제한 금원을 포함한 대출금 전액이나 약속어음 액면금 상당액으로 보아야 한다"(대법원 2003.10.10. 선고 2003도3516 판결).

7) 이 손해개념에 대한 비판으로 이종상, *회사와 관련된 배임죄 적용상 문제점에 대한 연구*, 서울대학교 대학원 박사학위 논문, 2010, 286-290쪽. 이러한 소극적 손해개념을 부정하자는 견해로 이철송, "자본거래와 임원의 형사책임", *인권과 정의* 통권 제259호, 2006, 115쪽 참조.

미암아 현실적으로 실현된 재산 상태를 비교하여 그 유무 및 범위를 산정하여야 할 것이다"(대법원 2009.5.29. 선고 2007도4949 전원합의체 판결). 다시 말해 사적 자치의 정당한 범위 안에서라는 조건이 지켜진다면 대금결제일을 합의에 의해 늦게 잡을 수 있는 것을 하지 않았을 때와 하였을 때의 재산상 태를 비교하여 재산에 차이(감소)가 있으면 배임죄 의 손해를 인정할 수 있다.

II. 의약품 대금지급기한을 제한하는 법안들

1. 의약품 대금지급기한을 제한하는 법개정안

최근 의약품 구매자(의료기관, 약국)와 판매자 (제약회사, 도매상) 사이의 의약품공급계약에서 대금 의 지급기한을 법률로 제한하는 법안이 발의된 바 있다.

(1) 의료법 개정안

2012.11.1. 발의된 의료법 일부개정법률안(오 제세 의원 대표발의, 의안번호 제2379호)은 ① 의약품 구입대금을 (2013.12.20. 제안된 약사법 일부개정법률 안[보건복지위원회안]이 규정하는 바에 따라) 의약품이 약국 또는 의료기관에 도착한 날로부터 3개월 이내

에 지급하도록 하고, 이를 초과하는 경우 연 40% 이내에서 보건복지부장관의 고시로 정한 이자를 지급하도록 하고 있다(개정안 제23조의2 제3항). ② 이와 같은 개정조항은 의료인의 불법리베이트 금지조항인 제23조의2(부당한 경제적 이익 등의 취득금지)에 신설되고 있다. ③ 또한 이를 위반한 경우에는 시정명령(개정안 제63조), 형사처벌(개정안 제88조의2 제1항)[8] 등의 제재를 가하고 또한 징역과 벌금의 병과제도(개정안 제88조의2 제2항)도 신설하고 있다. 이 개정안 가운데 의약품대금결제에 직접 관련되어 있는 조항만을 발췌해보면 다음과 같은 신구대조표로 정리된다.

★ 의료법 일부개정법률안(오제세 의원 대표발의: 2012.11.1.)

현 행	개 정 안
제23조의2(부당한 경제적 이익 등의 취득 금지) ① 의료인, 의료기관 개설자(법인의 대표자, 이사, 그 밖에 이에 종사하는 자를 포함한다. 이	제23조의2(부당한 경제적 이익 등의 취득 금지) ① 의료인, 의료기관 개설자(법인의 대표자, 이사, 그 밖에 이에 종사하는 자를 포함한다. 이

---

8) 개정안은 제23조의2에 제3항을 추가하고, 현행 의료법 제88조의2(벌칙)의 조문인 "제23조의2를 위반한 자는 2년 이하의 징역이나 3천만원 이하의 벌금에 처한다"는 규정에서 2년을 3년으로만 변경하고 있다. 따라서 새로 추가된 제23조의2 제3항 위반도 현행 제88조의2가 적용되므로, 결국 의약품대금을 3개월 내에 지급하지 않으면 3년 이하의 징역이나 3천만원 이하의 벌금에 처하게 된다.

하 이 조에서 같다) 및 의료기관 종사자는 「약사법」 제31조에 따른 품목허가를 받은 자 또는 품목신고를 한 자, 같은 법 제42조에 따른 의약품 수입자, 같은 법 제45조에 따른 의약품 도매상으로부터 의약품 채택·처방유도 등 판매촉진을 목적으로 제공되는 금전, 물품, 편익, 노무, 향응, 그 밖의 경제적 이익(이하 "경제적 이익 등"이라 한다)을 받아서는 아니 된다. 다만, 견본품 제공, 학술대회 지원, 임상시험 지원, 제품설명회, 대금결제조건에 따른 비용할인, 시판 후 조사 등의 행위(이하 "견본품 제공 등의 행위"라 한다)로서 보건복지부령으로 정하는 범위 안의 경제적 이익 등인 경우에는 그러하지 아니하다.

② 의료인, 의료기관 개설자 및 의료기관 종사자는 「의료기기법」 제6조에 따른 제조업자, 같은 법 제15조에 따른 의료기기 수입업자, 같은 법 제17조에 따른 의료기기 판매업자 또는 임대업자로부터 의료기기 채택·사용유도 등 판매촉진을 목적으로 제공되는 경제적 이익

하 이 조에서 같다) 의료기관(해당 의료기관 종사자를 포함한다. 법인인 경우에는 법인의 대표자나 이사, 그 밖에 이에 종사하는 자를 포함한다)은 의약품 채택·처방유도·거래유지 등 판매촉진을 목적으로 제공되는 금전, 물품, 편익, 노무, 향응, 그 밖의 경제적 이익(이하 "경제적 이익 등"이라 한다)을 받아서는 아니 된다. 다만, 견본품 제공, 학술대회 지원, 임상시험 지원, 제품설명회, 대금결제조건에 따른 비용할인, 시판 후 조사 등의 행위(이하 "견본품 제공 등의 행위"라 한다)로서 보건복지부령으로 정하는 범위 안의 경제적 이익 등인 경우에는 그러하지 아니하다.

② 의료인, 의료기관 개설자 및 의료기관(해당 의료기관 종사자를 포함한다. 법인인 경우에는 법인의 대표자나 이사, 그 밖에 이에 종사하는 자를 포함한다)은 의료기기 채택·사용유도·거래유지 등 판매촉진을 목적으로 제공되는 경제적 이익 등을 받아서는 아니 된다. 다만,

등을 받아서는 아니 된다. 다만, 견본품 제공 등의 행위로서 보건복지부령으로 정하는 범위 안의 경제적 이익 등인 경우에는 그러하지 아니하다.

〈신 설〉

제63조(시정 명령 등) 보건복지부장관 또는 시장·군수·구청장은 의료기관이 제16조 제2항, 제23조 제2항, 제27조의2 제1항·제2항(외국인환자 유치업자를 말한다)·제3항(외국인환자 유치업자를 포함한다)·제5항, 제34조 제2항, 제35조 제2항, 제36조, 제37조 제1항·제2항, 제38조 제1항·제2항, 제41조부터 제43조까지, 제45조, 제46조, 제47조 제1항, 제56조 제2항부터 제4항까지, 제57조 제1항, 제58조의4 제2항, 제62조 제2항, 제77조 제3항을 위반한 때 또는 종합병원·상급종합병원·전문병원이 각각 제3조의3 제1항·제3조의4

견본품 제공 등의 행위로서 보건복지부령으로 정하는 범위 안의 경제적 이익 등인 경우에는 그러하지 아니하다.

③ 의료기관은 의약품의 채택·사용 등 유통질서 확립을 위하여 「약사법」 제47조 제5항 및 제6항에 따른 의약품 대금 지급의 기준을 지켜야 한다.

제63조(시정 명령 등) 보건복지부장관 또는 시장·군수·구청장은 의료기관이 제16조 제2항, 제23조 제2항, 제23조의2 제3항, 제27조의2 제1항·제2항(외국인환자 유치업자를 말한다)·제3항(외국인환자 유치업자를 포함한다)·제5항, 제34조 제2항, 제35조 제2항, 제36조, 제37조 제1항·제2항, 제38조 제1항·제2항, 제41조부터 제43조까지, 제45조, 제46조, 제47조 제1항, 제56조 제2항부터 제4항까지, 제57조 제1항, 제58조의4 제2항, 제62조 제2항, 제77조 제3항을 위반한 때 또는 종합병원·상급종합병원·전문병원이 각각 제3조의3 제

제1항·제3조의5 제2항에 따른 요건에 해당하지 아니하게 된 때에는 일정한 기간을 정하여 그 시설·장비 등의 전부 또는 일부의 사용을 제한 또는 금지하거나 위반한 사항을 시정하도록 명할 수 있다.

제65조(면허 취소와 재교부) ① 보건복지부장관은 의료인이 다음 각 호의 어느 하나에 해당할 경우에는 그 면허를 취소할 수 있다. 다만, 제1호의 경우에는 면허를 취소하여야 한다.

1. ~ 5. (생 략)

② 보건복지부장관은 제1항에 따라 면허가 취소된 자라도 취소의 원인이 된 사유가 없어지거나 개전(改悛)의 정이 뚜렷하다고 인정되면 면허를 재교부할 수 있다. 다만, 제1항 제3호에 따라 면허가 취소된 경우에는 취소된 날부터 1년 이내, 제1항 제2호·제4호 또는 제5호에 따라 면허가 취소된 경우에는 취소된 날부터 2년 이내, 제8조 제4호에 따른 사유로 면허가 취소된 경우에는 취소된 날부터 3년 이내에는

1항·제3조의4 제1항·제3조의5 제2항에 따른 요건에 해당하지 아니하게 된 때에는 일정한 기간을 정하여 그 시설·장비 등의 전부 또는 일부의 사용을 제한 또는 금지하거나 위반한 사항을 시정하도록 명할 수 있다.

제65조(면허 취소와 재교부) ① 보건복지부장관은 의료인이 다음 각 호의 어느 하나에 해당할 경우에는 그 면허를 취소할 수 있다. 다만, 제1호의 경우에는 면허를 취소하여야 한다.

1. ~ 5. (현행과 같음)

② 보건복지부장관은 제1항에 따라 면허가 취소된 자라도 취소의 원인이 된 사유가 없어지거나 개전(改悛)의 정이 뚜렷하다고 인정되면 면허를 재교부할 수 있다. 다만, 제1항 제3호에 따라 면허가 취소된 경우에는 취소된 날부터 1년 이내, 제1항 제2호·제4호 또는 제5호에 따라 면허가 취소된 경우에는 취소된 날부터 2년 이내, 제8조 제4호 및 제23조의2에 따른 사유로 면허가 취소된 경우에는 취소된 날부터

재교부하지 못한다.

제67조(과징금 처분) ① 보건복지부장관이나 시장·군수·구청장은 의료기관이 제64조 제1항 각 호의 어느 하나에 해당할 때에는 대통령령으로 정하는 바에 따라 의료업 정지 처분을 갈음하여 5천만원 이하의 과징금을 부과할 수 있다. 이 경우 과징금은 3회까지만 부과할 수 있다.

②·③ (생 략)

〈신 설〉

3년 이내에는 재교부하지 못한다.

제67조(과징금 처분) ① 보건복지부장관이나 시장·군수·구청장은 의료기관이 제64조 제1항에 따라 의료업 정지 처분을 받게 되는 경우 제64조 제1항 제1호부터 제8호까지의 어느 하나에 해당할 때에는 5천만원, 제9호에 해당할 때에는 1억원 이하의 과징금을 대통령령으로 정하는 바에 따라 의료업 정지 처분을 갈음하여 부과할 수 있다. 이 경우 과징금은 3회까지만 부과할 수 있다.

②·③ (현행과 같음)

제67조의2(경제적 이익 등의 취득금지 위반사실의 공표) ① 보건복지부장관, 시·도지사, 시장·군수·구청장은 제64조 제1항 제9호에 따라 행정처분을 받은 자에 대하여 위반행위, 처분 내용, 처분 대상자의 명칭·주소 및 대표자 성명, 해당 의약품 등의 명칭 등 처분과 관련한 사항으로서 대통령령으로 정하는 사항을 공표할 수 있다.

② 보건복지부장관은 제65조 제1항 제6호에 따라 면허 취소를 받은 의료인에 대하여 그 위반 행위, 처분 내용, 해당 위반자의 인적사항 등 대통령령으로 정하는 바에 따라 공표할 수 있다.
③ 제1항 및 제2항에 따른 공표 방법 등 공표에 필요한 사항은 대통령령으로 정한다.

제88조의2(벌칙) 제23조의2를 위반한 자는 2년 이하의 징역이나 3천만 원 이하의 벌금에 처한다. 이 경우 취득한 경제적 이익 등은 몰수하고, 몰수할 수 없을 때에는 그 가액을 추징한다.

〈신 설〉

제88조의2(벌칙) ① 제23조의2를 위반한 자는 3년 이하의 징역이나 3천만 원 이하의 벌금에 처한다. 이 경우 취득한 경제적 이익 등은 몰수하고, 몰수할 수 없을 때에는 그 가액을 추징한다.

② 제1항의 징역과 벌금은 병과(倂科)할 수 있다.

제91조(양벌규정) 법인의 대표자나 법인 또는 개인의 대리인, 사용인, 그 밖의 종업원이 그 법인 또는 개인의 업무에 관하여 제87조, 제88조, 제88조의3, 제89조 또는 제90조의 위반행위를 하면 그 행위자를 벌하는 외에 그 법인 또는 개인에게도 해당 조문의 벌금형을 과(科)한다. 다만, 법인 또는 개인이

제91조(양벌규정) 법인의 대표자나 법인 또는 개인의 대리인, 사용인, 그 밖의 종업원이 그 법인 또는 개인의 업무에 관하여 제87조, 제88조, 제88조의2 제88조의3, 제89조 또는 제90조의 위반행위를 하면 그 행위자를 벌하는 외에 그 법인 또는 개인에게도 해당 조문의 벌금형을 과(科)한다. 다만, 법인

그 위반행위를 방지하기 위하여 해당 업무에 관하여 상당한 주의와 감독을 게을리하지 아니한 경우에는 그러하지 아니하다.	또는 개인이 그 위반행위를 방지하기 위하여 해당 업무에 관하여 상당한 주의와 감독을 게을리하지 아니한 경우에는 그러하지 아니하다.

(2) 약사법 개정안

또한 2013.12.20. 발의된 약사법 일부개정법률안(국회 보건복지위원회 안)은 ① 의약품 대금을 6개월의 범위에서 보건복지부령으로 정하는 기간 이내에 지급하도록 하고, 이를 초과하는 경우에는 그 기간에 대하여 보건복지부장관이 정하여 고시하는 이율에 따른 이자를 지급하도록 하고 있다(제47조 제5항). ② 이 개정조항 역시 의료법개정안의 경우와 마찬가지로 의약품의 불법 리베이트 금지조항인 제47조(의약품 등의 판매질서)에 신설하고 있다. ③ 또한 지연 지급에 대해 시정명령(제75조의2), 허가취소와 업무정지 등(제76조 제1항 제7호)의 제재를 가할 수 있게 하고 있다. 이 개정법률안의 내용을 신구대조표로 정리하면 다음과 같다.

★ 약사법 일부개정법률안
(제안자: 보건복지위원장, 2013.12.20.)

현 행	개 정 안
제47조(의약품 등의 판매질	제47조(의약품 등의 판매질서)

서) ①~④ (생략) 〈신　설〉	①~④ (현행과 같음) ⑤ 약국 개설자 또는 의료기관 개설자가 의약품의 품목허가를 받은 자·수입자 및 의약품 도매상(이하 이 조에서 "의약품공급자"라　한다)에게 의약품 거래 대금을 지급하는 경우에는 의약품이 약국 또는 의료기관에 도착한 날(보건복지부령으로 정하는 계속적 거래로서 월 1회 이상 의약품이 공급되는 경우에는 해당 거래기간 중 보건복지부령으로 정하는 날을 말한다. 이하 "거래일"이라 한다)로부터 6개월의 범위에서　보건복지부령으로 정하는 기간 이내의 가능한 짧은 기일까지 그 대금을 지급하여야 한다. 다만, 약국 또는 의료기관이 의약품 공급자에 대하여 거래상 우월적 지위에 있다고 인정되지 아니하는 경우로서 의약품 거래규모 등을 고려하여 보건복지부령으로 정하는 경우에는 그러하지 아니하다.
〈신　설〉	⑥ 약국개설자 또는 의료기관 개설자가 의약품 공급자에게 거래일로부터　6개월의　범위에서　보건복지부령으로 정하는 기간이 지난 후에 의약품 거래 대금을 지급하는 경우에는 그 초과기간에 대하여 연

	100분의 20 이내에서 「은행법」에 따른 은행이 적용하는 연체금리 등 경제사정을 고려하여 보건복지부장관이 정하여 고시하는 이율에 따른 이자를 지급하여야 한다.
〈신　설〉	⑦ 제5항에 따른 의약품 거래 대금을 어음 또는 「하도급거래 공정화에 관한 법률」에 따른 어음대체결제수단으로 지급하는 경우에 대해서는 같은 법 제13조를 준용한다. 이 경우 "60일 이내"는 "6개월의 범위 내에서 보건복지부령으로 정하는 기간 이내"로 하고 "100분의40 이내"는 "100분의 20 이내"로 본다.
〈신　설〉	제75조의2(시정명령) 보건복지부장관, 시장·군수·구청장은 약국 개설자가 제47조 제5항부터 제7항까지의 규정을 위반한 때에는 보건복지부령으로 정하는 바에 따라 약국개설자에게 3개월 이내의 기간을 정하여 그 위반사항을 시정하도록 명할 수 있다.
제76조(허가취소와 업무정지 등) ① 의약품 등의 제조업자, 품목허가를 받은 자, 원료의약품의 등록을 한 자, 수입자, 임상시험 또는	제76조(허가취소와 업무정지 등) ① 의약품 등의 제조업자, 품목허가를 받은 자, 원료의약품의 등록을 한 자, 수입자, 임상시험 또는 생물학적 동등

생물학적 동등성시험의 계획 승인을 받은 자 또는 약국개설자나 의약품 판매업자가 다음 각 호의 어느 하나에 해당하면 의약품 등의 제조업자, 품목허가를 받은 자, 원료의약품의 등록을 한 자, 수입자, 임상시험 또는 생물학적 동등성시험의 계획 승인을 받은 자에게는 식품의약품안전처장이, 약국개설자나 의약품 판매업자에게는 시장·군수·구청장이 그 허가·승인·등록의 취소 또는 위탁제조판매업소·제조소 폐쇄(제31조 제4항에 따라 신고한 경우만 해당한다. 이하 제77조 제1호에서 같다), 품목제조 금지나 품목수입 금지를 명하거나, 1년의 범위에서 업무의 전부 또는 일부의 정지를 명할 수 있다. 다만, 제4호의 경우에 그 업자에게 책임이 없고 그 의약품 등의 성분·처방 등을 변경하여 허가 또는 신고 목적을 달성할 수 있다고 인정되면 그 성분·처방만을 변경하도록 명할 수 있다.
1.~6. (생략)
〈신 설〉

성시험의 계획 승인을 받은 자 또는 약국개설자나 의약품 판매업자가 다음 각 호의 어느 하나에 해당하면 의약품 등의 제조업자, 품목허가를 받은 자, 원료의약품의 등록을 한 자, 수입자, 임상시험 또는 생물학적 동등성시험의 계획 승인을 받은 자에게는 식품의약품안전처장이, 약국개설자나 의약품 판매업자에게는 시장·군수·구청장이 그 허가·승인·등록의 취소 또는 위탁제조판매업소·제조소 폐쇄(제31조 제4항에 따라 신고한 경우만 해당한다. 이하 제77조 제1호에서 같다), 품목제조 금지나 품목수입 금지를 명하거나, 1년의 범위에서 업무의 전부 또는 일부의 정지를 명할 수 있다. 다만, 제4호의 경우에 그 업자에게 책임이 없고 그 의약품 등의 성분·처방 등을 변경하여 허가 또는 신고 목적을 달성할 수 있다고 인정되면 그 성분·처방만을 변경하도록 명할 수 있다.
1.~6. (생략)
7. 제75조의2에 따른 시정명령을 이행하지 아니한 때

2. 공정성의 법인가, 배임을 강요하는 악법인 가?

의약품 대금의 늦은 지급이 재정상황의 악화와 비례관계에 있고, 의료기관이 우월적 지위를 남용한 결과가 아니며, 심지어 외상구매와 외상진료라는 국민건강보험법상 체계 아래서 구조화된 결과이고, 더 나아가 계속적 공급계약에 전형적인 구매와 결제 사이의 시간차를 이용한 합리적인 유동성 확보의 경영전략으로 이해될 수 있다면, 사적 계약의 대금지급기일을 법이 강제하는 것은 어떻게 정당화될 수 있을 것인가? 이 글은 이 점을 자세히 분석하고 검토할 것이다. 그런 정당화가 실패한다면 이 의료법과 약사법 개정안은 조금 과격하게 말하면 — 공단이 의약품 판매자와 (직접적인) 건강보험법적 관계가 없는 상황에서는— 재정적자에 빠진 병원의 경영진에게 형법상 배임을 강요하는 악법(惡法)이 될 가능성이 매우 높다. 그러므로 이 법안들의 정당성을 논의하려는 사람은 이 법안들이 공정성을 도모하는 기대만을 받고 있는 것이 아니라 '배임을 강요하는 악법'에 대한 우려에 직면해 있음을 먼저 인식할 필요가 있다.

[2] 의약품공급계약의 본질

의료법과 약사법의 개정안이 타당한 입법인지를 검토하기 위해서는 무엇보다도 먼저 의약품거래계약의 법적 성격에 대한 선이해(preunderstanding)가 필요하다. 의약품공급계약은 사적 계약의 성격(사적 자율)과 사회법적 계약의 성격을 동시에 갖는다.

I. 사적 자치와 계약적 성격

1. 계약의 자유

의약품 구매자인 요양기관(의료기관, 약국)과 의약품 공급자(제약회사, 도매상)가 맺는 의약품공급계

약은 사적 자치(계약의 자유, 재산권 보장,[1] 귀책주
의)[2]가 지배하는 계약의 하나이다. 국민건강보험관
리공단은 이 계약에 당사자로 참여하지 않으며, 단
지 요양기관이 청구하는 약제비에 대한 요양급여비
용을 구입금액(또는 보건복지부장관이 고시하는 구입
금액보다 적은 상한금액)으로 상환하여 줄 뿐이다. 의
약품공급계약의 체결여부와 그 내용의 형성은 계약
당사자의 자치에 맡겨져 있다. 의약품공급계약이
성립하면 의약품 구매자는 (주된 급부의무로서) 의약
품의 대금을 지급할 채무를 지고, 공급자는 (주된 급
부의무로서) 의약품을 제공할 채무를 진다. 이 채무
의 이행방법과 시기 등도 계약당사자가 협의하여
자율적으로 정한다. 그러므로 약사법이 법정화하려
는 약품비 지급기한, 즉 구매자가 공급받은 의약품
의 대금을 지급할 채무의 이행기한은 계약의 자유
에 속하는 기본사항에 해당한다.

---

1) 사적 자치는 재산권에 대한 정당한 보상이라는 의미의 가치
   보장을 넘어서 재산권 자체의 존속보장을 가능케 하는 제도
   로서 주목받고 있기도 하다. 이에 관해 박진근, "재산권규정
   의 재해석을 통한 재산권 최고규범으로서 사적 자치", *법과
   정책연구* 제12권 3호, 2012, 1287-1311쪽, 특히 1307쪽 참
   조.
2) 헌법재판소의 결정 중에는 안마사의 단체에 대한 강제가입
   조항[구 의료법〈2007.4.11. 법률 제8366호로 전부 개정되기
   전의 것〉 제61조(안마사) 제3항; 현행 의료법 제82조 제3항]
   에 반대되는 임의가입제(헌재 2008.10.30. 2006헌가15 결
   정〈반대의견〉]를 사적 자치라고 표현하기도 한다.

2. 의약품공급계약의 현실

의약품공급계약은 몇 가지 특징을 갖고 있다. 이 특징은 의약품 대급지급기한이 상당히 늦은 관행의 원인을 이해할 수 있게 해준다.

(1) 계속적 물품공급계약

의약품공급계약은 의료의 특성상 구매자와 판매자 사이에 계속적인 거래를 내용으로 명시적 또는 묵시적으로 체결되는 '기본계약'과 그 기본계약을 기초로 구매자의 요구에 따라 판매자가 특정량의 특정 의약품을 공급하는 '개별계약'으로 이루어진다.[3]

1) 신뢰 속의 정산기간과 정산일 합의   계속적 물품공급계약은 계약당사자 사이의 신뢰관계를 바탕으로 하고, 따라서 신뢰관계의 침해는 계약의 해지사유가 될 수 있다(대법원 2010.10.14. 선고 2010다48165 판결).[4] 계속적 물품공급계약에서 당사자는

---

[3] 계속적 공급계약에서 이처럼 기본계약과 개별계약을 구별해야 하고, 계약위반도 따로 성립할 수 있다. 이에 관해 윤진수, "판례해설(민소법): 1. 제1심 패소부분에 불복하지 않았던 당사자의 상고와 상고범위 2. 계속적 공급계약에 있어서 기본계약의 성립과 개별계약의 성립 3. 기본계약 불이행으로 인한 손해배상의 범위 - 대법원 1992.11.27. 선고 92다14892 판결", *사법행정* 제34권 제8호, 1993, 58-66쪽 참조; 의약품공급계약의 실무에서 보면 지급기일에 관한 사항은 기본계약에서 정해지고 있는 것으로 보인다.

[4] "계속적 계약은 당사자 상호간의 신뢰관계를 기초로 하는

신뢰관계를 바탕으로 양 당사자 모두에게 최선이
되는 방향으로 통상 정산기간과 정산일(대금지급일)
을 정하게 된다. 이때 대금채권의 소멸시효도 각 정
산일마다 진행한다(대법원 1992.1.21. 선고 91다10152
판결).

　가령 A 의료기관이 B 제약회사와 X 의약품에 관해
매월 일정량을 2012.1.1.~2013.12.31. 공급하기로
정한다면, 2012.1.1.~2012.3.31. 기간(정산기간)에
공급한 의약품의 대금은 7개월 후인 2012.10.25.에
정산하고, 2012.4.1.~2012.6.30. 기간에 공급한 의
약품의 대금은 똑같이 7개월 후인 2013.1.25.에 정
산하기로 할 수 있다.

　2) 보건복지부와 대한병원협회의 조사결과에서
정산기간과 정산일　보건복지부와 대한병원협회의
공동조사 결과를 보면, 후불진료로 인해 초래되는
요양급여비용결제에 소요되는 기간인 평균 100일
을 제외하면 계약상 정산일은 요양기관이 공단으로
부터 비용을 지급받은 날로부터 평균 63일째 되는
날이다. 정산기간은 정산일로부터 163일 전부터

　것으로서, 당해 계약의 존속 중에 당사자 일방의 계약상 의
　무 위반이나 기타 부당한 행위 등으로 인하여 계약의 기초
　가 되는 신뢰관계가 파괴되어 계약관계를 그대로 유지하기
　어려운 정도에 이르렀다면 상대방은 그 계약관계를 해지함
　으로써 장래에 향하여 그 효력을 소멸시킬 수 있기는 하다"
　(대법원 2010.10.14. 선고 2010다48165 판결).

(심사청구한 날부터 비용을 지급받은 날까지를 실무상 평균 30일로 가정한다면) 대략 93일 전까지 약 70일의 기간이 된다. 다시 말해 기준시작일로부터 70일이 되는 날까지 공급한 의약품 대금을 그로부터 93일(공단의 심사평가 및 지급까지의 30일 + 요양기관이 대금을 결제하기로 한 계약상 정산일까지의 63일)이 경과한 날이 정산일이 되는 것이다.

(2) 계약의 자유와 남용의 한계

의약품공급계약에서 계약당사자들이 누리는 계약의 자유는 약사법 개정안에서 문제삼고 있는 정산일(대금결제일)에 대해서도 인정됨은 물론이다.

1) 민법상 자유의 한계 　의약품공급계약에서 정산일(대금결제일)을 언제로 할 것인지는 계약자유 원칙에 따라 계약당사자들이 협의하여 자율적으로 정할 수 있다. 그러나 물품공급계약에서 발생한 채권의 소멸시효가 단기소멸시효인 3년인 점(민법 제163조 제6호)5)을 고려할 때 정산일로부터 3년을 넘어 비로소 대금을 결제하려고 한다면, 그것은 계약의 자유를 넘어선 남용에 해당한다. 현재 의약품거래계약의 실태를 보면 법이 정한 계약 자유의 한계 안에서 대금지급이 이루어지고 있는 것으로 보인

---

5) 민법 제163조(3년의 단기소멸시효) 다음 각 호의 채권은 3년간 행사하지 아니하면 소멸시효가 완성한다. 6. 생산자 및 상인이 판매한 생산물 및 상품의 대가.

다. 즉, 보건복지부와 대한병원협회의 공동조사에
서 정산일은 평균 의약품 공급한 날로부터 163일이
고, 대금을 지급한 날은 평균 170일이므로, 소멸시
효가 진행한 때로부터 평균 7일 만에 의약품 대금
채무를 변제하고 있는 셈이다.

　　2) 남용을 통제하는 계약의 논리　　의약품공급
계약에서 구매자가 합의로 정한 정산일에 대금을
지급하는 행위가 반복된다면, 공급자도 그 점에 대
한 신뢰를 갖게 되고, 공급자도 정산기간과 정산일
의 시간차를 고려한 장기적인 재정계획을 세워 회
사를 운영하게 된다. 그러나 두 계약당사자는 의료
기관이든 제약회사 또는 도매상이든 모두 재정적자
에 시달리고, 도산 위험에 빠질 가능성이 없는 것은
아니다. 그러므로 두 계약당사자는 모두 각자의 경
영상황을 고려하고, 각자가 생존하고 발전('공존적
발전')을 도모할 수 있는 방향으로 정산일을 협의하
여 정하게 된다.

3. 의약품 구입자와 판매자의 상생관계

　　정산일이 상당히 늦더라도 합의를 이루었다는
것은 그 정산일이 경영상황을 고려할 때 '의료기관
의 존속'(과 그에 따른 국민의 의료접근성의 유지)과 '제
약회사나 도매상의 존속'을 '동시에' 보장하는 타협
의 결과라는 추정을 가능하게 한다. 왜냐하면 정산

일이 너무 늦어 제약회사나 도매상의 재정상황을 위태롭게 한다면, 그 회사는 다른 의료기관과 의약품공급계약을 체결함으로써 그 상황을 헤쳐 나갈 수 있고, 만일 그렇지 못하다면 늦은 정산일의 조건이 달린 계약이라도 유지하는 것이 제약회사나 도매상에게 유리하기 때문이다.

(1) 윈-윈의 전략

물론 이는 의료기관이 큰 재정흑자를 기록하면서도 동시에 우월적 지위를 남용하여 그리고 고의적으로 대금지급을 미루는 경우에는 타당하지 않은 분석이다.

1) 공존적 발전을 도모하는 협상　그러나 뒤에서 살피듯이 의료기관이 일반적으로 우월적 지위에 있는 것도 아니고, 큰 재정흑자를 기록하는 경우도 특히 대형병원에서는 거의 없다. 그러니까 정산일(대금지급일)이 늦더라도 합의로 정한 것이라면 그것은 거시적인 관점에서 보면 의약품 구매자(의료기관, 약국)와 공급자(제약회사, 도매상)가 윈-윈(win-win), 즉 공존과 발전을 할 수 있는 선에서 정해지고 있는 것으로 보아야 한다.

만약 순수익률을 기준으로 하여 우리나라 제약회사들이 평균 7~8%를 기록하고 있고, 도매상들은 1% 내외를 기록하고 있다고 추산[6]한다면, 현실적

---

6) IPS 산업정책연구원, *의약품 유통구조 합리화 방안 연구*(대

으로 의료기관과 도매상들 사이에는 협력적인 공존 관계가, 의료기관과 제약회사 사이에는 한편으로는 생존을 다른 한편으로는 발전을 도모하는 관계가 있다고 볼 수 있다. 앞의 경우가 전형적인 상생(相生) 관계이지만, 뒤의 경우도 소극적인 의미에서는 상생(相生) 관계라고 할 수 있다.

2) 사적 자치 예외에 관한 대법원의 입장과 의약품 대금의 늦은 결제   이처럼 상생관계 속에서 정해지는 늦은 대금결제(정산일)에 관한 합의는 각 당사자들이 그런 합의가 자신의 영업과 회사의 재정 상태에 미치는 결과를 '예견'한 가운데 이루어지는 것이라 할 수 있다. 바로 이 한에서 늦은 대금결제(정산일)의 현실은 여전히 사적 자치 아래 놓여 있다고 보아야 한다. 왜냐하면 대법원은 사정변경에 대한 사적 자치의 예외를 인정하는 요건으로 "계약성립 당시 당사자가 예견할 수 없었던 현저한 사정의 변경이 발생하였고 그러한 사정의 변경이 해제권을 취득하는 당사자에게 책임 없는 사유로 생긴 것으로서, 계약내용대로의 구속력을 인정한다면 신의칙에 현저히 반하는 결과가 생기는 경우"(대법원 2007. 3.29. 선고 2004다31302 판결)일 것을 요구하기 때문이다.

한병원협회 연구용역보고서), 2013, 99쪽 참조.

⑵ 늦은 지급일의 법경제학적 공정성(fairness)

이런 사정은 의약품공급계약의 당사자들이 계약의 자유를 누려야 하는 이유를 말해준다. 이렇게 볼 때 국가가 지급일이나 그 기한을 강제로 정하는 것은 사적 자치가 갖는 법치국가의 장점을 폐기하는 것이 될 수도 있다. 윈-윈의 전략에 기초하여 지급일을 늦게 설정하고 있는 의약품공급계약의 현실이 상생관계라고 볼 수 있음에도 불구하고, 의료법 및 약사법 개정안은 늦은 대금결제 자체가 공정거래(fair trade)가 될 수 없다고 보는 듯하다. 그러나 '공정성'(fairness)의 의미는 법경제학적으로 (특히 후생경제학적으로) 사회적 효용의 극대화, 거래비용의 최소화 등으로 이해할 수 있다. 재정적 어려움을 겪는 의료기관, 특히 병원과 의약품 도매상과 일부 제약회사가 모두 도산하지 않고 생존하는 윈-윈 전략은 사회적 효용의 최대화라는 요청에서도 긍정적으로 판단될 수 있다. 그런 의미에서라면 지금의 의약품공급계약은 오히려 '공정거래'에 해당한다. 그러므로 의약품공급계약에서 대금지급이 늦게 이루어진다는 점만으로는 아직 국가가 그 사적 계약의 내용을 강제적으로 제한하는 규제를 할 필요성이 인정되지는 않는다.

(3) 의약품 공급자의 선공급의무의 구조적 불리함에 대응하는 법리

그럼에도 불구하고 이처럼 윈-윈의 전략의 일환으로 계약당사자가 정하는 의약품 대금의 늦은 지급일은 구조적으로는 공급자에게 불리함을 가져다 줄 수 있다.

1) 의료기관의 폐업과 외상채권의 추심불능의 위험 왜냐하면 공급자는 먼저 자신의 주된 급부(채무)인 의약품 공급의무를 이행하고, 그 의무에 맞대응되어 있는 채권은 외상채권이 되는데, 이 외상채권이 계속적 물품공급계약에서 반복적으로 추심이 되면 문제가 없지만, 구매자의 재정이 급격히 악화될 경우에는 그 추심이 어려워질 수 있기 때문이다. 이런 상황은 병원보다는 폐업률이 높은 의원급 의료기관에서 종종 발생하기도 한다. 그러나 이런 경우는 그 의원이 공단으로부터 받을 예정인 요양급여비용의 채권에 대한 (가)압류 등의 법적 절차를 통해 대응해야 할 문제일 뿐이다. 재무상태가 건전한 의원은 오히려 의약품 대금결제를 병원보다 이른 시기에 하고 있어서 대금결제기한을 법적으로 강제할 필요성은 매우 낮다. 이에 비해 개정안이 주로 문제로 삼고 있는 병원들의 경우는 대금결제가 늦기는 하지만, 법적으로 폐업이 매우 어렵기 때문에 여기서 말하는 구조적 불리함이 현실화될 가능성은 매우 낮다.

2) 연쇄도산의 방어책으로서 차기 의약품공급채무의 거절   그럼에도 불구하고 어쨌든 의료기관이 도산하게 되는 재정상황은 의약품 공급자에게도 도산의 위험을 가져다주는 경우가 있을 수는 있다. 의료기관의 도산으로 인한 의약품 판매자의 연쇄도산을 막는 것이 필요하다. 그러나 그 방법은 개정안과 같은 것이 될 수 없다. 왜냐하면 재정상황이 심각하게 나쁜 의료기관에게 빠른 대금결제를 법적으로 강제하는 것은 도산을 더욱 부추기기 때문이다. 특정 의료기관의 도산으로 인한 의약품 판매자의 연쇄도산을 차단하는 의약품 공급자의 자기방어책은 다음과 같은 판례의 법리에 의해 마련된다.

[판례: 공급자의 차기 물품공급채무의 이행거절권]
"계속적 거래관계에 있어서 재화나 용역을 먼저 공급한 후 일정 기간마다 거래대금을 정산하여 일정 기일 후에 지급받기로 약정한 경우에 공급자가 선이행의 자기 채무를 이행하고 이미 정산이 완료되어 이행기가 지난 전기의 대금을 지급받지 못하였거나 후이행의 상대방의 채무가 아직 이행기가 되지 아니하였지만 이행기의 이행이 현저히 불안한 사유가 있는 경우에는 민법 제536조 제2항 및 신의성실의 원칙에 비추어 볼 때 공급자는 이미 이행기가 지난 전기의 대금을 지급받을 때 또는 전기에 대한 상대방의 이행기 미도래 채무의 이행불안사유가 해소될 때까지 선이행의무가 있는 다음 기간의 자

기 채무의 이행을 거절할 수 있다"(대법원 2002. 9. 4. 선고 2001다1386 판결).

다시 말해 의료기관 등이 중대한 재정악화로 앞으로 의약품 대금을 지급하지 못하게 될 가능성이 있다면 "이행기의 이행이 현저히 불안한 사유가 있는 경우"에 해당하므로, 의약품 공급자는 선이행의 채무를 거절할 수가 있다. 또한 그 선이행한 기존의 대금채권은 해당 의료기관이 공단으로부터 아직 받을 것으로 남아 있는 요양급여비용 상환채권에 대한 (가)압류를 통해서 그 추심가능성을 확보할 수도 있다. 이로써 신뢰를 바탕으로 하는 계속적 의약품공급계약에서 '선' 공급 및 '후' 대금결제, 그것도 '늦은' 대금결제로 인해 공급자에게 발생할 수 있는 위험은 상당한 정도로 통제될 수 있게 된다. 그리고 바로 이런 통제가능성을 고려할 때 계속적 의약품공급계약에서 대금 결제일(정산일)을 상당히 늦게 정하는 계약의 자유는 유지될 수 있다고 본다.

II. 사회법적 성격

의약품공급계약은 오로지 사적 자치 아래 놓여 있는 사법적인 계약의 성격만을 갖고 있지는 않다. 의약품은 사회보장적 의료보험체계인(국민건강보험법 제1조)⁷⁾ 건강보험체계의 재료로 사용되는 것이며, 그 비용은 국민건강보험공단으로부터 나오기 때문이다.

1. 실질적인 사회법적 계약의 차원

그러므로 의약품공급계약은 '실질적'으로는 사회법적 계약의 성격을 일부 갖고 있다. 이 점을 살펴보기로 한다.

⑴ 공단을 매개로 한 대금지급의무의 이행과 대금청구권의 실현

의약품 구매자는 공급자로부터 의약품을 전달받은 후 국가(국민건강보험관리공단)에 약값을 청구하고, 이를 수령받아 의약품 공급자에게 지불하는 결제체계, 의약품 구매자의 대금지급채무의 이행과 의약품 공급자의 대금채권의 실현이 공단에 대한 청구와 지급의 과정을 통해서 이루어진다. 그러므로 의약품공급계약에서 의료기관이 구입한 의약품의 대금은 곧 국민건강보험법상 요양급여비용인 것이다. 바로 이 점에서 의약품거래계약은 대금의 결

---

7) 국민건강보험법 제1조(목적) "이 법은 국민의 질병·부상에 대한 예방·진단·치료·재활과 출산·사망 및 건강증진에 대하여 보험급여를 실시함으로써 국민보건 향상과 *사회보장* 증진에 이바지함을 목적으로 한다."

제 측면에서는 실질적으로 사회(보장)법적 계약이
라고 할 수 있다.

도표 3 : 의약품공급계약의 현행법상 구조

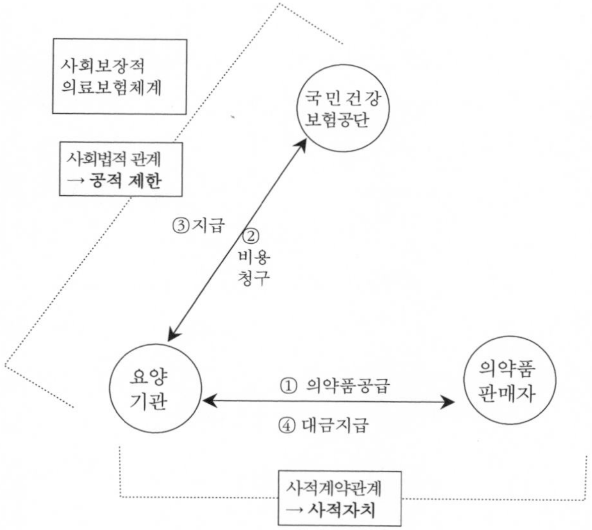

(2) 실거래가상환제와 권익보호가 비대칭적인
  계약

또한 의약품공급계약이 실질적인 의미에서 사
회법적 계약이라는 성격은 그 계약의 양 당사자들
이 사적 계약처럼 사적 이윤을 추구할 수 없다는 점
에서도 찾을 수 있다.

1) 의료기관의 실거래가상환제와 제약회사의 이윤 극대화　국민건강보험법 제41조 제1항 제2호에 의해 요양기관이 요양급여를 행하면서 사용한 약제와 치료재료는 요양기관이 구입한 실거래가('구입금액' 또는 보건복지부장관이 고시한 '상한금액')만을 상환해주기 때문이다(국민건강보험법시행령 제22조). 이로써 요양기관은 형사처벌되는 불법적인 리베이트를 받지 않는 한 제도적으로는 의약품거래를 통해 어떠한 이윤도 추구할 수 없다. 이에 반해 의약품판매자(제약회사, 도매상)는 의약품거래를 통해 사적 이윤의 극대화를 추구하는 민간회사로서 거래한다.

2) 권익의 비대칭성과 사회법적 계약의 성격

이처럼 의약품거래계약을 통한 이윤 추구의 측면에서 구매자(수요자)와 판매자(공급자)의 권익보호가 '비대칭적'(asymmetric)인 것은 그 의약품공급계약이 궁극적으로는 사회보장적 의료보험체계(국민건강보험체계)의 기능화라는 목표를 좇기 위한 것이라고 할 수 있다. 계약을 통한 법적 관계의 형성이 이처럼 사회보장적 목적을 위해 권익보호의 비대칭성(asymmetry)을 감수하도록 하고 있다면, 그 계약은 실질적으로 사회법적 계약의 성격을 띤다고 말하지 않을 수 없다.

2. 사회법적 계약으로서 불완전성

하지만 의약품거래계약은 완전한 의미의 사회
법적 계약은 아니다.

(1) 두 당사자 계약관계와 건강보험법적 관계의
부존재

그 이유는 무엇보다도 의약품공급계약이 (대부
분 민간병원인) 구매자와 (민간회사인) 판매자 간의
두 당사자 계약의 형태를 띠고 있으며, 구매자는 그
비용을 공단에 청구하여 상환받는 별도의 절차를
밟는다. 이에 비해 완전한 사회법적 계약의 전형은
삼면계약(또는 3 당사자 계약)의 모습을 띠며, 의약품
공급계약이 완전한 사회법적 계약이 되기 위해서는
의약품 구매자(요양기관)가 판매자에게서 의약품을
공급받고, 그 대금을 공단에 청구하면, 공단이 판매
자에게 그 구입금액을 상환해주는 식의 계약이 되
어야 한다. 여기서 사회보험법적 계약의 전형인 요
양급여비용계약과 의약품공급계약을 비교할 필요
가 있다.

(2) 의약품 대금의 직접 청구의 불가능

요양급여비용계약(수가계약)은 의약품공급계약
과는 명확하게 다른 구조를 띤다. 요양급여비용은
(점수당 단가에 대하여) 공단의 이사장과 요양기관의

유형별 대표가 계약을 체결하여 결정하며, 그런 계약은 요양기관의 유형별 단체에 속한 각 요양기관들에 대하여 '직접' 효력을 미친다. 따라서 각 요양기관은 체결된 수가계약에 따라 공단에 '직접' 요양급여비용을 청구할 수 있게 된다. 그러나 의약품거래계약에서 공급자는 구매자가 요양급여비용을 청구하는 상대방인 국민건강보험공단에 대하여 그 판매금액을 '직접' 청구할 수 없다. 의약품 공급자와 공단 사이에는 아무런 법적 관계도 직접 생기지 않기 때문이다. 이 점에서 의약품공급계약은 건강보험법적 계약이라고 할 수 없다. 의약품 공급자는 국민건강보험관리공단과의 건강보험법적 관계에 들어가지 않는 것이다.

(3) 사회법적 차원에 대한 계약법적 차원의 우위

요양급여비용계약의 제도와 현실은 그 계약이 갖는 사회법적 차원과 계약법적 차원 가운데, 사회법적 차원이 계약법적 차원보다 절대 우위에 놓여 있는 모습을 보여준다. 왜냐하면 요양급여비용계약은 계약의 대상 가운데 일부분(즉, 점수당 단가)만 계약의 대상으로 삼는 반절의 계약제이고, 게다가 계약체결이 실패하면 보건복지부 장관이 고시에 의해 비용을 직권으로 결정하기 때문이다.[8]

---

8) 이에 관해 자세한 분석과 고찰은 이상돈, *수가계약제의 이*

이에 반해 병원 등과 제약회사 등 사이의 의약품 공급계약에서는 계약법적 차원이 사회법적 차원보다 훨씬 더 우위에 있다고 볼 수 있다. 계약의 체결과 그 내용이 원칙적으로 모두 계약당사자의 자율에 맡겨져 있기 때문이다. 이처럼 의약품 대금을 상환해주는 공단과 의약품 공급자가 직접적으로 어떤 (건강)보험법적 관계도 맺지 않는 구조 속에서 국가가 그 공급자와 수요자가 맺는 사적 계약을 내용적으로 제한하는 규제의 근거가 마련되기는 매우 어렵다. 그런 규제는 계약의 사적 자치(Privatautonomie)에 대한 직접적인 제한이므로, 그 위헌성이 언제나 도마 위에 오르기 쉽다.

III. 법적 성찰과 공론화의 필요성

우리나라 의약품공급계약의 현실을 자세히 들여다보면, 재정적자 등의 어려운 경영상황에서 구매자(대부분의 병원들)와 공급자(특히 의약품도매상과 일부 제약회사)가 함께 살아남는 윈-윈의 방편으로 그 지급일을 (비교적 늦은 기일로) 정하고 있음을 알 수 있고, 이 관행은 사적 자치의 한계를 벗어났다고 볼 수 없다.

론과 현실, 세창출판사, 2009, 31쪽 아래, 83쪽 아래 참조.

1. 사적 자치의 원리에 대한 근본이해의 필요성

여기서 사적 자치의 본질적인 의미를 이해할 필요가 있다. 독일 연방헌법재판소에 따르면9) ① 사적 자치는 개인의 자기결정(Selbstbestimmung)의 하나이며, 다른 사람과 함께 평등하게 누리는 일반적 행동의 자유의 하나이다. 따라서 사적 자치는 개인의 자율적 결정이 가능한 상황에서만 보장된다. 또한 독일 연방헌법재판소에 따르면10) ② 사적 자치를 실현하는 중심적인 방편은 계약이고, 계약을 통해 당사자들은 그들의 개인적인 이익을 어떻게 서로 적절하게 조정할 것인지를 결정한다. 바로 그런 점에서 ③ 국가는 계약당사자의 합치된 의사를 계약에 의하여 조성된 합당한 이익조정이라고 추정하고, 그 이익조정을 존중하여야 한다. 이런 입장을 바꿔 말하면, 두 당사자 사이의 계약이 각자의 개인적인 이익을 조정하는 기능을 발휘하고 있는 한, 국가는 그 계약이 개인의 자기결정권과 인격발현권을 실현하는 수단임을 인정하고 존중해야 한다는 것이 된다. 의약품공급계약이 구매자와 판매자 사이의 이익을 합의가 가능한 수준으로 조정하고 있는 한 그 계약은 개인의 자기결정으로서 존중되어야 하는 것이다.

---

9) BVerfGE 81, 242 254쪽 아래 참조.
10) BVerfGE 103, 89 100쪽 참조.

2. 의약품 공급자의 부정적인 내레이션

그럼에도 불구하고, 의약품도매상들은 의약품의 1차적인 공급자인 제약회사로부터 유통마진인하의 압박을 받고,[11] 대형의료기관으로부터는 대금지급지연의 부담을 떠안음으로써[12] 이중고에 시달린다는 목소리를 내놓고 있다. 그러니까 제약업계는 도매상과는 유통마진인하에 관해 갈등과 긴장의 관계에 있으면서 의약품대금 지급지연에 대해서는 의약품도매업계와 손잡고 있는 것이다. 앞서 검토한 것처럼 의약품공급계약의 자율적 형성은 이성법의 패러다임이나 사적 자치의 한계를 벗어나 있지 않다. 그럼에도 불구하고 그 계약 당사자들이 부정적인 내레이션(narration)을 하고 있다면, 계약의 자율을 보장하는 이성법의 기능적 한계에 대한 성찰,[13] 그러니까 여기서는 의약품거래에서 계약의

---

11) 이에 관련한 기사로 http://www.yakup.com/news/index. html?mode=view&cat=12&nid=170559 참조.

12) 예를 들면 국공립병원의 경우에 대금 지급지연으로 도매업계에 재정적 부담을 전가한다는 국정감사에 관련한 기사의 예로는 http://news.kukinews.com/article/view.asp?page=1&gCode=cul&arcid=0007651262&cp=nv 참조; 이에 따르면 최근 폐업한 진주의료원의 경우 의약품 대금 지급의 결제는 375일이 소요되었다고 한다.

13) 사건 당사자들의 내레이션이 이성법의 한계에 대한 성찰의 계기가 되고, 이에 내레이션에서 보편적인 법의 결함을 발견하고, 메워나가야 한다고 보는 법의 방법을 법의 미시사적 분석이라고 한다. 이에 관해 이상돈, *기초法學*, 법문사, 2010, 520-524쪽 참조.

자유에 대한 제한의 필요성과 정당성에 대한 논의
를 해야 한다.

3. 민주주의의 요청으로서 법제화에 선행되는 공론화

　의약품공급계약의 개별 당사자들(제약회사, 도
매상)은 합의에 의해 의약품공급계약의 내용(예: 대
금결제일, 정산일)을 정하면서도, 다른 한편 공급자
의 사업자단체들(한국의약품도매협회, 한국제약협회)
이 그 계약의 불공정성에 대해 문제제기를 하는 것
은 지급기한을 둘러싼 의약품공급계약의 당사자들
사이의 갈등이 그 계약당사자들 사이의 듀엣구조의
갈등을 넘어선 것이라는 점에 대한 '신호'이다. 앞에
서(I.2.) 요약 개관한 약품비 지급기한을 법정화하
는 법안은 이 신호를 근거로 제안되어 있는 것이다.
　그러나 이 법안은 충분한 공론화를 거쳐 마련
된 것이 아니다. 오히려 그 법안을 통해 비로소 공
론화가 시작되고 있다. 그러므로 법안의 성급한 처
리는 공론화를 통해 경쟁력 있는 견해(공론)를 입법
으로 수용해야 한다는 민주주의의 요청에 위배된
다. 따라서 현재는 의약품공급계약의 대금결제기한
을 강제하는 의료법 및 약사법의 개정을 서두를 때
가 아니라 의약품공급계약의 자유를 제한하는 것이
정당한지 여부를 공론화하는 것이 필요하다.

[3] 의약품공급계약을 제한하는 법리의 분석

의약품공급계약에서 당사자들이 누리는 사적 자치(대금결제일, 정산일의 자유로운 설정)를 제한하는 법안은 앞으로 더 충분한 공론화의 과정을 거쳐야 한다. 그런 공론화의 선행조건으로 그와 같은 사적 자치를 제한하는 법리에 대한 분석과 검토가 이루어져야 한다. 아래에서는 다음 세 가지 법리의 적용여부와 그 적절성에 대해 논의하기로 한다.

— 사회법적 제한가능성 (Ⅰ.)
— 공정거래법적 제한가능성 (Ⅱ.)
— 형법적 제한가능성 (Ⅲ.)

I. 사회법적 제한가능성

의약품 대금지급기한을 법적으로 제한하고 강제하는 법안은 현재 국민건강보험법이 아니라 의료법이나 약사법 개정안으로 되어 있다. 의약품 대금이 실질적으로는 요양급여비용의 하나인데, 왜 사회보장법인 국민건강보험법에서 규정하지 않는 것일까? 이 점에 대한 분석은 의약품 대금지급기한에 대한 법적 규제가 갖는 성격을 밝혀줄 수 있다.

1. 지급기한 제한과 법의 정합성 요청

사적 자치를 무분별하게 훼손하지 않으면서 의약품의 구매자와 판매자가 정한 대금결제의 기한에 대하여 국가 국민건강보험(국민건강보험공단)가 타율적으로 개입하고 통제하는 것이 허용되기 위해서는 아래 도표와 같이 공단이 의약품 구매대금을 직접 그 공급자에게 상환해줄 수 있어야 한다(도표 4의 ③). 이런 전제조건이 충족된다면 아마도 현재 논란이 심한 참조가격제(reference-price system)를 도입하는 것도 일관된 일이 될 것이다. 두 제도는 약제비용을 최대한 낮춤으로써 사회보장적 의료보험체계의 목적달성을 (지나치게) 효율화하는 데 함께 작용할 것이기 때문이다.

도표 4 : 사회법적 계약으로서 의약품공급계약

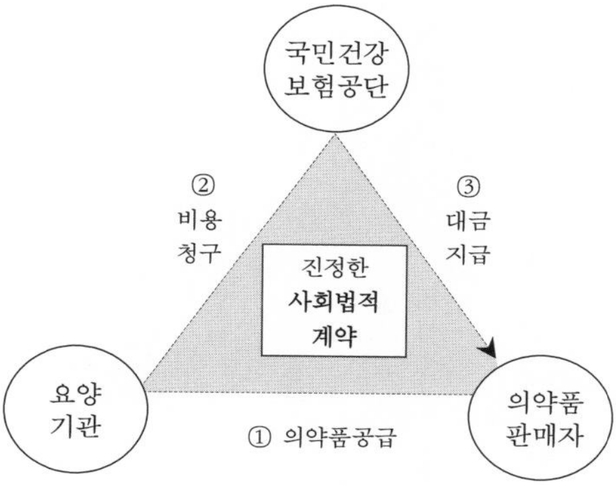

(1) 대금결제기한을 강제하는 법의 부정합성

그러나 현행 법제에는 의약품공급계약의 사회
보험법적 계약의 차원이 거의 없다. 그럼에도 불구
하고 그 계약의 내용에 대한 당사자의 자율적 형성
(대금결제일, 정산일)을 특별한 근거(예: 보험재정의
건전성 위협)도 없이 제한하는 법은 사회보장목적의
달성에 필요한 법이 아님은 물론이고, 법이론적으
로는 '정합성'(coherence)을 잃어버린 법이 된다. 정
합성이란 법의 '근거들 사이의 체계적 연관성이나
일관성'을 가리킨다. 그러니까 의약품 대금결제기
한을 강제하려는 (국민건강보험)법이라면 의약품 공
급자를 요양기관과 같이 건강보험법적 관계에 편입
시키거나, 그런 강제를 하지 않고서는 국민건강보

험의 사회보장목적을 달성할 수 없는 경우, 이를테면 보험재정이 중대하게 악화되는 상황을 전제하고 있어야 한다.

(2) 부정합성과 평등원칙 위배

이와 같은 정합성이 없이, 법이 어떤 사적 계약에서는 그 채무변제기한을 강제하고, 어떤 다른 사적 계약에서는 당사자의 자율에 맡기는 것은 평등원칙에도 위반하게 된다. 이처럼 정합성의 상실은 법치국가의 원리가 중대하게 침윤되고 있음을 말해준다. 그런데 의약품 대금결제의 기한이 늦거나 이른 것은 건강보험재정과 관련이 없다. 따라서 의약품공급계약에서 대금의 지급기한을 국가가 법으로 제한하는 사적 자치의 직접적 제한은 의약품 판매자(공급자)가 국민건강보험법상 요양기관(제42조 제1항)에 편입된 경우에만 허용된다고 보아야 한다.

2. 의약품 판매자의 요양기관화의 부적절성

여기서 약사법의 개정은 국민건강보험법 제42조 제1항의 개정을 전제로 함을 알 수 있다. 물론 의약품 판매자의 경우에는 모든 판매자(공급자)를 당연 요양기관으로 하지 않고, 개별 판매자(공급자)와 공단 사이의 계약(요양기관계약제)에 의해 그 편입 여부를 자율적으로 선택하게 하는 것이 바람직

하다. 왜냐하면 제약회사와 제약산업의 발전은 선 진각국의 예에서 보듯이 이윤의 창출과 자본의 확 대재생산이라는 정언명령(Imperativ)에 의해 이룩될 수 있기 때문이다.

또한 우리 의료사회의 현실이나 제약산업의 현 실을 볼 때, 제약회사들이 요양기관으로 편입될 가 능성은 거의 없어 보인다. 그렇다면 국가가 의약품 공급계약의 대금지급기일을 일정한 기한 내로 강제 하는 법적 규제는 사적 자치를 훼손할 뿐만 아니라 제약회사를 요양기관으로 편입시키지 않고 있는 법 제와의 정합성도 잃어버리는 것이라고 할 수 있다.

도표 5 : 사회법적 계약으로서 의약품공급계약의 자유와 제한

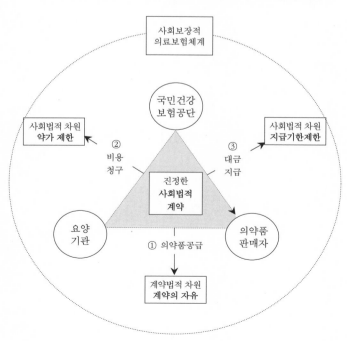

3. 우회적인 사회보장법적 규제

국민건강보험법은 요양급여비용에 대한 규제를 담을 수는 있지만, 민간인(민간기관)들 사이의 사적 계약을 규제하는 내용을 담을 수는 없다. 그렇기 때문에 의약품 대금결제기한을 법으로 강제하려 한다면, 그 법은 국민건강보험법이 되기에 적합하지 않다. 그래서인지, 현재 법안은 의료법과 약사법의 일부개정안으로 제출되고 있는 것이다. 그러나 이 두 법에 들어간 규제의 실질은 공정거래법적 규제(아래 II. 단락 참조)이거나 형법적 규제(아래 III. 단락 참조) 가운데 하나이다. 여기서 의료법과 약사법이 생활세계를 규율하는 기본법인 점을 고려해보면, 의료법 및 약사법 개정안에 공정거래법적 규제의 실질을 담는 것은 건강보험법에 의한 규제가 갖는 형식적 하자를 은폐하기 위한 것이라 볼 수 있다.

II. 공정거래법적 제한가능성

의약품공급계약의 자유를 제한하는 대표적인 법리로는 공정거래법을 들 수 있다.

1. 공정거래법의 목적과 수단

공정거래법의 법제로는 〈독점규제 및 공정거래에 관한 법률〉이라는 기본법이 있다. 특별법 성격의 〈하도급거래 공정화에 관한 법률〉, 〈대·중소기업 상생협력 촉진에 관한 법률〉 등도 공정거래법에 속한다고 볼 수 있다. 그런데 의료법 개정안(오제세 의원 대표발의)이나 약사법 개정안(보건복지위원회 안)도 일부 약국 또는 의료기관이 의약품 거래에 있어 우월적 지위를 남용한다는 점에 근거하여 대금지급기한을 법정화하고 있다. 그러니까 의약품 대금 지급기한을 단기로 제한하는 의료법이나 약사법 개정안은 〈하도급거래 공정화에 관한 법률〉 등과 같이 〈독점규제 및 공정거래에 관한 법률〉과 같은 목적을 추구하는 또 다른 수단이 되는 특별법을 제안하고 있는 것이다.

(1) 경쟁적 시장구조의 확립과 소비자후생의 극대화

그런데 이 공정거래법제의 기본목적은 "공정하고 자유로운 경쟁을 촉진함으로써 창의적인 기업활동을 조장하고 소비자를 보호함과 아울러 국민경제의 균형 있는 발전을 도모함"(공정거래법 제1조)이라고 할 수 있다. 이를 바꿔 말하면 경쟁적 시장구조(competitive market structure)의 확립을 통하여 소비자후생을 최대화하는 것이라고 할 수 있다. 〈하도급거래 공정화에 관한 법률〉도 "공정한 하도급거래 질서를 확립하여 원사업자와 수급사업자가 대등한 지위에서 상호보완하며 균형 있게 발전할 수 있도록 함으로써 국민경제의 건전한 발전에 이바지함"(제1조)을 목적으로 한다. 즉 공정거래질서를 확립하여 하도급거래의 두 계약당사자가 균형 발전하고 소비자후생을 최대화하는 것이다. 그러므로 의약품 거래계약의 자유를 공정거래법의 법리에 의해 제한한다고 할 때, 그 목적은 계약당사자 어느 일방의 이익을 보호하는 것이 될 수 없다.

(2) 우월적 지위의 공정거래법적 의미 : 경쟁적 시장구조의 왜곡

또한 공정거래법이 지향하는 '공정거래질서'의 핵심은 공정하고 자유로운 경쟁의 질서이고, 이는 법경제학적으로 표현하면 '경쟁적 시장구조'의 확립이라고 할 수 있다. 이러한 공정거래법의 목적을 위태롭게 하는 대표적인 예는 시장지배적 지위를 가진 사업자가 그 지위를 남용(시장지배적 지위남용)하거나, 카르텔을 형성하여 그 시장지배력으로 부당한 사업행위를 공동으로 하는(부당공동행위) 등의 행위라고 할 수 있다. 그러니까 의약품공급계약의 자유를 제한하는 이유가 공정거래법적 규제가 필요하고 정당할 정도로 의료기관이 우월적 지위를 갖고 있다고 말할 때, 그 우월적 지위란 경쟁적 시장구조를 깨뜨리거나 일그러뜨릴 수 있는 힘을 말한다.

2. 경쟁적 시장구조의 의약품거래시장

현재 우리나라 의약품거래시장은 수많은 구매자와 수많은[1] 판매자(제약회사, 도매상)가 수요자와 공급자로 만나는 시장을 형성하고 있다. 이 시장에서 구매자는 최소의 비용으로 최대의 치료효과를 얻을 수 있는 의약품을 선택하여 구매하려고 하고, 판매자는 최대의 치료효과를 갖는 의약품을 제조·공급하여 최대의 이윤을 창출하려고 한다. 이러한 구매자와 판매자가 의약품을 거래하는 시장은 원칙적으로 수요와 공급의 원리에 따라 자유로이 가격과 거래조건을 형성하는 경쟁적 시장구조를 띠고 있다고 할 수 있다. 법경제학적으로 보면 수요와 공급의 원리에 따라 자유로이 가격과 거래조건을 형성하는 경우에 원칙적으로 사회적 총효용은 극대화되고, 거시적으로 의료소비자에게도 최대의 후생을 가져다준다. 제약회사를 국민건강보험법상 '요양기관'으로 강제 편입하지 않고 있는 현행법도 바로 이

---

1) 예컨대 한국제약협회(http://www.kpma.or.kr/index.php? mid=KW03_01_02_include 참조)에 속한 회원사인 제약회사만 해도 현재 208개에 달하고 있다.

러한 법경제학적 전제에 서 있다고 보아야 한다.

3. 의약품거래계약의 공정거래법적 규제 필요성의 논거들

하지만 이와 같은 국민건강보험법의 법경제학적 전제가 현실의 의약품거래시장에서 지켜지지 않고 있다면, 의약품거래시장은 경쟁적 시장구조가 아니고, 따라서 공정거래법적 규제의 대상이 되어야 한다. 이런 규제의 논거로는 다음 두 가지가 제시되곤 한다.

— 첫째, 의료법과 약사법에 리베이트 쌍벌제를 시행한 이후에도 다양한 형태의 편법 리베이트가 번성하고 있다는 점에서 의약품공급계약에서 양 당사자는 대등한 지위에서 거래를 하고 있다고 볼 수 없다.
— 둘째, 의료기관은 의약품 처방권한을 갖고 있다는 점에서 의약품공급계약에서 거래상 우월적 지위를 갖는다.

(1) 리베이트와 공정거래법적 의미의 우월적 지위의 무관련성

그러나 의료기관 특히 상급종합병원과 같은 대형 의료기관의 우월적 지위에 대한 첫 번째 논거인 끊이지 않는 의약품리베이트의 현실은 공정거래법

적 규제의 전제조건인 우월적 지위와는 무관한 것
이다. 리베이트는 형법상 배임수재죄(형법 제357조
제1항)에 해당하는 불법이며, 이 불법의 유형은 거
래당사자 개인의 '인격적 결함'(personal fault) 또는
반도덕성을 포착하는 것이지, 의약품거래시장이 자
유로운 경쟁이 가능한 '시장구조'(market structure)
를 띠고 있는지 아닌지와는 전혀 무관한 것이다.

가령 제약회사가 R&D를 통해 최대의 치료효
과를 갖는 의약품을 생산·공급하면서 이윤의 극대
화를 위해 일부러 또는 생산시설의 한계로 인해 어
쩔 수 없이, 제한적으로 생산·공급한다면, 제약회
사는 거래의 상대방인 의료기관을 선택하여 그 의
약품을 공급할 수도 있다. 다국적 거대 제약회사는
그와 같은 우월적 지위를 때때로 누리기도 한다.[2]
물론 현재 우리나라의 제약산업 현실에서 제약회사
들은 그런 우월적 지위를 누리지는 못하는 상태에
있다. 이런 현실의 원인은 의료기관의 우월적 지위
때문이 아니라 제약회사가 중견기업형이 많다거나
오랜 세월 안정된 수익이 입증된 의약품의 판매에
안주하고, R&D를 게을리해 온 결과이기도 하다.

---

2) 다국적 제약회사는 계약당사자에 대한 우월적 힘뿐만 아니
   라 우리나라 정부의 제약정책에도 힘을 미치고 있다. 이런
   분석으로 이수연·김영미, "세계화와 국민국가의 복지정책
   자율성: 다국적 제약자본이 우리나라 제약정책 결정에 미친
   영향을 중심으로," *한국사회복지학* 제57권 제3호, 2005,
   5-30쪽 참조.

또한 동일한 가격과 동일한 치료용도를 갖고 있는 다품종 의약품들 가운데 치료효과가 상대적으로 높은 의약품의 공급자는 상대적으로 강한 경쟁력으로 시장에서 지배력을 갖거나 영향력을 가질 수도 있다.

⑵ 처방권과 공정거래법적 우월한 지위의 무관련성

의료기관이 우월적 지위를 갖고 있다는 또 다른 논거는 흔히 의사의 처방권이라는 주장이 있다.

1) 의약분업과 제약산업의 성장   그러나 처방권 역시 공정거래법적 규제의 전제조건인 거래상 우월적 지위와 무관하다. 처방권은 의약분업체계에서 의사에게 부여된 직능과 권한일 뿐이다. 그런 직능적 권한을 갖고 있다고 해서 거래상 우월적 지위에 놓이는 것은 아니다. 만일 처방권이 의약품공급계약상의 우월적 지위를 낳는 것이라면, 의약분업이 실시됨으로써 제약회사는 매출 등 경영측면에서 더 어려움을 겪어야 논리적일 것이다. 그러나 전문의약품에 대한 처방권의 확립에도 불구하고 의약분업 실시 이후 제약회사는 오히려 매출이 신장하는 등의 성장세를 보이기도 하였다.[3] 이 점은 (전문의약품에 대한) 처방권과 우월적 지위가 관련이 없는

---

3) 이러한 분석으로 배은영, "의약분업이 제약산업에 미친 영향", *보건복지포럼* 통권 제64권, 2002, 31-39쪽.

것임을 간접적으로 증명해준다.

2) 처방권과 불법리베이트의 관련성 하지만 처방권은 불법리베이트와는 관련이 있다. 즉, 처방권의 권한남용은 리베이트의 형태로 나타나지, 공정거래법적 규제가 필요한 경쟁적 시장구조의 왜곡으로 나타나는 것이 아니다. 물론 리베이트를 통해 의약품을 선택한다면, 의사나 의약품 공급자는 의약품거래의 '공정성'을 해하는 행위가 될 수 있다. 그러나 이때 훼손하는 공정성은 경쟁적 시장구조의 왜곡과는 무관하다. 가령 모든 제약회사나 의약품 도매상들이 관행적으로 리베이트를 통하여 의약품 거래를 한다고 가정해 보자. 이 경우 의약품거래의 불공정성의 총량은 극대화된다. 그러나 경쟁적 시장구조가 깨지는 것은 아니다. 불법적 요소인 리베이트에 의한 섭외능력과 판촉능력이 경쟁의 요소 가운데 하나가 될 뿐이고, '경쟁의 구조' 자체가 깨지는 것은 아니기 때문이다. 물론 이와 같은 '불법적인' 경쟁은 합법적 경영의 시대, 윤리경영의 시대에서는 차단되어야 한다. 그러나 이 불법적 경쟁을 차단하는 규제의 방편은 공정거래법적 규제가 아니라 그런 불법적 거래를 하는 개인들을 배임수증재로 처벌하는 형법적 규제가 적합한 것이다.

4. 의료기관의 의약품거래시장에 대한 지배력과 영향력

　　의료기관이 공정거래법적 규제가 필요한 우월적 지위를 갖고 있다는 정확한 의미는 의약품거래시장이 경쟁적 시장구조가 유지되지 않고 있다는 점에서 찾아야 한다. 이 점을 검토해 본다.

(1) 의약품의 수요독점과 수요과점

　　첫째, 의약품공급계약에서 대표적인 우월적 지위는 특정 의료기관이 의약품거래시장에서 수요독점(monopsony)을 하고 있는 경우이다. 특정의료기관이 특정 의약품시장에서 50% 이상(독점규제 및 공정거래에 관한 법률 제4조 제1호)의 구매량을 갖고 있다면 그 의료기관은 그 의약품시장에서 시장지배적 지위를 갖게 됨으로써 공급자의 독점과 마찬가지로 그 의약품의 가격과 거래조건 등은 수요와 공급의 원리에 따라 정해지지 않고, 그 의료기관의 의도적인 이윤추구에 의해 좌우된다. 둘째, 3개 이하의 의료기관들이 의약품거래시장에서 75% 이상(독점규제 및 공정거래에 관한 법률 제4조 제2호)의 구매량을 갖고 있다면 그 의료기관들은 수요과점(oligopsony)을 형성함으로써 수요독점과 마찬가지로 경쟁적 시장구조를 깨뜨리고, 공통의 이윤창출을 위해 의약품의 구매가격과 구매조건(예: 대금지급일)을 결정할 힘을 갖는다. 그러나 상급종합병원만 해도 19개 이상인 우리나라 시장현실에서 수요독점이나 수요과점은 불가능하다고 보인다.

(2) 수요카르텔

다음으로 수 개의 의료기관들이 특정한 의약품 거래시장에서 가격과 거래조건(예: 대금지급일)에 관한 부당한 공동행위(카르텔)를 함으로써 이윤을 추구하는 경우이다. 구매자들의 카르텔은 공동구매 (buying collaboration)와 그 밖의 구매자 카르텔이 있다. 공동구매는 제품의 소비자가격을 하락시키는 속성이 있다는 점에서 카르텔로 취급할 때 주로 연성카르텔로 보고, 그것의 경쟁제한효과를 검토하여 법적 규제를 가하게 되는 데에 비해 구매자들의 노골적인 카르텔은 경성카르텔로 본다.[4] 우리나라 의료기관들이 의약품의 구매를 공동으로 하지 않으므로 의료기관들이 의약품의 구매에서 하는 '가격과 거래조건에 관한 담합'은 주로 경성카르텔로 취급될 것이다.

1) **의약품 구매 카르텔의 성립가능성** 그러나 첫째, 의약품지급기일이 늦은 것은 의료기관들 사이의 합의에 의한 공동행위가 아니다. 둘째, 다만

---

4) 이에 관해 자세히는 정종채, "구매자 카르텔, 공동구매 그리고 수요독점시장에 있어서의 공급자 카르텔에 대한 경쟁법적 취급", *경쟁저널* 126호, 2006, 12-22쪽 참조.

지급기일이 외형상 일치하면 독점규제 및 공정거래에 관한 법률 제19조 제5항에 의해 그 합의가 추정될 수는 있다. 그러나 상급종합병원의 의약품지급기일(정산일)은 모두 제 각각이라는 점에서 외형상 일치행위가 존재한다고 보기도 어렵다. 셋째, 만일 지급기일을 월 단위로 판단하여, 지급기일의 외형상 일치여부를 판단한다면, 외형상 일치행위가 인정될 여지가 없지는 않으며, 이 경우 공동행위의 합의는 추정된다. 넷째, 그러나 합의가 추정되고, 경쟁제한효과가 심사되지 않는 경성카르텔로 취급하는 경우에도, 구매자 카르텔이 성립하려면 의약품 대금 지급기일에 관해 외형상 일치행위를 보인 다수의 의료기관들이 그 해당 의약품시장에서 구매하는 의약품의 총량은 (수요자의) '시장지배력'을 가질 정도는 아니어도 적어도 "시장에서 유효경쟁을 변화시킬 수 있는 잠재적 역량의 정도에 이른 것"[5]이어야만 한다. 즉 담합을 한 의료기관의 구매총량은 가령 전체 판매량의 50~75% 정도에는 이르지 않지만, 적어도 그것을 향해 가는 의미있는 수준(예: 10%)[6] 정도는 되어야 할 것이다. 이를 시장영향력(spürbare Markt-beeinflußung)[7]이라고 부를 수 있다.

---

5) 이상돈, *공정거래형법*, 법문사, 2010, 69-70쪽.

6) 참고로 독일의 판례를 보면 5%의 시장점유율 정도를 기준으로 삼은 경우도 있다(BGHSt 14, 55 참조).

7) 이를 요구하는 판례로 BGH v. 19.10.1993, KZR 3/92; BGHZ 68, 6 참조.

2) 의약품 구매 카르텔의 불가능성 이렇게 볼 때 가령 2012년도 기준 연간의약품구입비가 30억 원 이상인 병원들(200개) 가운데 의약품을 공급받은 지 6개월 이후에 대금을 지급하는 병원들은 총 89개이므로[8] 카르텔의 성립가능성이 전혀 없는 것은 아닐 것이다. 그러나 첫째, 지급기일의 외형상 일치를 월 단위로 판단하는 근거가 없고, 일 단위로 판단하게 되면 외형상 일치는 거의 없게 된다. 둘째, 모든 의약품이 한 묶음으로 하나의 시장을 형성한다고 볼 수도 없다. 특정한 질병의 치료목적에 사용하는 의약품군, 그러니까 적어도 '대체조제'가 가능한 동일한 성분을 가진 의약품 품목마다 하나의 시장 ―정확히는 전체시장(market)이 아니라 개별시장(segment)― 이 있다고 보아야 한다. 이렇게 보면 의약품시장의 수는 엄청나게 많아지게 된다. 셋째, 어떤 의료기관들이 어떤 의약품시장에서 지급기일에 관해 외형상 일치행위를 보이고 있는지를 조사하는 것은 사실상 거의 불가능하다. 왜냐하면 지급기일의 늦고 빠름은 많은 경우 그 의료기관의 경영상황과 깊은 관련을 맺고 있는데, 각 의료기관의 경영상황을 좌우하는 요소는 저마다 다르기 때문이다. 이러한 점들을 종합해 볼 때 현재 우리나라 의료기관들이 의약품의 대금지급기일에 관해 구매자

---

8) 대한병원협회, 약품비 조기지급 법제화 경과 및 현황 보고 (2014.1.15) 자료에서 인용함.

카르텔을 형성하고 있다고 보기 어렵다.

5. 개별불공정거래행위와 우월적 지위의 환유된 개념

이상의 논의를 통해 의약품공급계약에서 병원들이 제약회사나 도매상에 대해 공정거래법적 의미에서 우월적 지위, 즉 시장지배력이나 시장영향력을 가진 것이 아님을 알 수 있었다.

(1) 개별불공정거래행위

그러나 우리나라 공정거래법은 미국의 독점규제법과는 달리 시장지배력 등과 직접 관계가 없이도 규제를 가하는 개별불공정거래행위를 다루고 있다. 즉 공정거래법은 거래의 거절이나 차별취급, 경쟁자 배제, 고객유인·거래강제 등(상대방의 합리적 선택 방해), 자신의 거래상 지위를 이용한 거래, 상대방의 사업 활동을 구속 또는 다른 사업자의 사업 활동 방해, 특수 관계인이나 회사에 대한 현저히 유리한 조건의 제공 등이 부당한 경우의 행위(제23조), 재판매가격유지행위 금지(제29조) 위반, 부당한 국제적 협정·계약금지(제32조) 등을 위반하는 행위를 2년 이하의 징역 또는 1억 5천만원이하의 벌금(제67조)에 처하고 있다(유형 ⑤).9)

___

9) 이러한 개별불공정거래행위의 형법적 규제가 과잉임을 주

자신의 거래상 지위를 이용한 행위가 의약품공급계약에 적용될 수 있는 가장 유력한 후보이다. 그러나 이 행위는 다시금 사실상 우월적 지위의 개념을 전제로 한다. 대법원은 "'거래상 지위를 부당하게 이용하여 상대방에게 불이익을 준 행위'인지 여부는 당해 행위의 의도와 목적, 효과와 영향 등과 같은 구체적 태양과 상품의 특성, 거래의 상황, 해당 사업자의 시장에서의 우월적 지위의 정도 및 상대방이 받게 되는 불이익의 내용과 정도 등에 비추어 볼 때 정상적인 거래관행을 벗어난 것으로서 공정한 거래를 저해할 우려가 있는지 여부를 판단하여 결정하여야 한다"(대법원 2010.8.26. 선고 2010다28185 판결)고 본다. 의약품공급계약에서 늦은 대금결제의 목적은 병원들의 존속에 향해 있고, 효과는 만성적 재정적자를 간신히 메우는 반면, 의약품공급자의 재정적자가 병원들보다 더 악화되는 현실을 초래하고 있지는 않은 등의 현실을 고려해 본다면, 거래상 지위를 부당하게 이용하는 개별불공정거래행위로 보기도 어렵다.

(2) 처방권에 환유된 개념으로서 우월적 지위
여기서 그런데도 왜 병원들이 제약회사 등에 대해 우월적 지위를 갖고 있다고 보게 된 것일까?

장하는 이상돈, *공정거래형법*, 법문사, 2008, 49쪽 아래 참조.

이 점에 대한 새로운 법이론적 시각을 가져볼 필요가 있다. 우선 우월적 지위의 개념은 법이론적으로 보면 가치충전이 필요한 개념(wertausfüllungsbedürftiger Begriff)임에 주목해야 한다. 우월적 지위는 매우 불확정적인 개념인 것이다.[10] 바로 이 불확정적 개념인 '우월한 지위'의 개념은 수학적으로 변용되기도 쉽다. 이익률에서 병원들보다 훨씬 높은 수치를 보여주는 제약회사에 대해 병원이 우월적 지위를 갖고 있다는 추론은 합리적 추론의 결과가 아니라 감정적인 판단이거나 우월한 지위의 개념을 '처방권' 개념에 환유(metonymy)시킴으로써 만들어진 결론인 것으로 보인다. 처방권은 뒤에서 보듯이 의사들이 불법리베이트의 죄, 즉 형법상 배임수재죄를 범하는 원천일 뿐, 의약품공급계약에서 병원들의 제약회사에 대한 우월적 지위를 가져오는 원인은 아니다. 이로써 공정거래법적 규제의 가능성은 처방권의 남용을 통제하는 형법상 배임수재죄 등의 문제로 넘어가게 된다.

III. 형법적 제한가능성

대금의 늦은 지급을 불법리베이트(illegal rebate)

---

10) 이에 관해 자세히는 이상돈, *법이론*, 박영사, 1996, 45쪽 아래 참조.

에 준한다고 보고, 의료법(의료법 제23조의2, 제88조
의2)이나 약사법(약사법 제47조 제2, 3항, 제94조의2)
상 불법리베이트의 범죄구성요건에 대금의 늦은 지
급을 제한하는 내용을 추가하는 의료법 개정안이나
약사법 개정안은 의약품공급계약의 자유를 형법의
법리에 의해 제한하는 것이라고 볼 수 있다. 왜냐하
면 불법리베이트의 죄는 형법상 배임수증재죄의 변
형구성요건으로 볼 수 있기 때문이다. 그러므로 의
약품공급계약에서 대금의 지급기일을 늦게 설정하
는 합의(행위)가 불법리베이트의 범죄와 같은 불법
유형(Unrechtstypus)을 갖고 있는 것인지를 검토해
야 한다. 이는 다음 두 단계의 물음에 대한 검토로
나누어 진행된다.

  ― 기존의 불법리베이트 범죄구성요건이 형법상 배
  임수·증재죄와 그 불법유형이 동질적인 것인가?
  (아래 1. 단락)
  ― 대금의 지급기일을 늦게 설정하는 합의가 불법
  리베이트 범죄와 그 불법유형이 동질적인 것인가?
  (아래 2. 단락)

1. 불법리베이트의 불법 유형

  먼저 불법리베이트 범죄구성요건의 불법유형
을 검토한다. 의료법과 약사법은 2010.5.27.의 동
시 개정으로 의약품구매자(의료인, 의료기관 개설자

와 그 종사자, 약사와 한약사)와 의약품 판매자(의약품 품목허가를 받은 자, 수입자, 도매상) 사이의 불법리베이트를 명문으로 금지하였고, 이를 위반하면, 구매자와 판매자를 자격정지(나 업무정지)와 형벌로 제재하도록 하였다.

(1) 의료법과 약사법상 불법리베이트의 금지와 처벌

① 의료인(과 의료기관 개설자 및 그 종사자)의 의약품 채택·처방유도 목적으로 제공된 경제적 이익의 취득을 금지하고(의료법 제23조의2 제1항, 제2항), 이를 위반하면 1년의 범위에서 자격정지(제66조)와 2년 이하의 징역이나 3천만원 이하의 벌금으로 처벌한다(제88조의2: 2년 이하의 징역이나 3천만원 이하의 벌금).[11] ② 약사와 한약사의 경우도 마찬가지로

---

11) **의료법 제23조의2(부당한 경제적 이익 등의 취득 금지)** ① 의료인, 의료기관 개설자(법인의 대표자, 이사, 그 밖에 이에 종사하는 자를 포함한다. 이하 이 조에서 같다) 및 의료기관 종사자는 「약사법」 제31조에 따른 품목허가를 받은 자 또는 품목신고를 한 자, 같은 법 제42조에 따른 의약품 수입자, 같은 법 제45조에 따른 의약품 도매상으로부터 의약품 채택·처방유도 등 판매촉진을 목적으로 제공되는 금전, 물품, 편익, 노무, 향응, 그 밖의 경제적 이익(이하 "경제적 이익 등"이라 한다)을 받아서는 아니 된다. 다만, 견본품 제공, 학술대회 지원, 임상시험 지원, 제품설명회, 대금결제조건에 따른 비용할인, 시판 후 조사 등의 행위(이하 "견본품 제공 등의 행위"라 한다)로서 보건복지부령으로 정하는 범위 안의 경제적 이익등인 경우에는 그러하지 아니하다. ② 의료인, 의료기관 개설자 및 의료기관 종사자는 「의료기기법」

1년의 범위에서 자격정지(약사법 제79조)를 받을 수 있고, 의료인의 경우와 같은 법정형의 처벌을 받게 된다(제47조 제3항, 제94조의2). ③ 또한 의약품 공급자(의약품의 품목허가를 받은 자, 수입자 및 의약품 도매상)가 의료인과 약사 등에게 의약품 채택·처방유도 목적으로 경제적 이익을 제공하는 것을 금지하고(제47조 제2항), 이를 위반하면 1년의 범위에서 업무정지(약사법 제76조 제1항 5의2호)를 받을 수 있고, 의료인과 약사의 경우 같은 법정형으로 처벌된다(제94조의2).12)

제6조에 따른 제조업자, 같은 법 제15조에 따른 의료기기 수입업자, 같은 법 제17조에 따른 의료기기 판매업자 또는 임대업자로부터 의료기기 채택·사용유도 등 판매촉진을 목적으로 제공되는 경제적 이익 등을 받아서는 아니 된다. 다만, 견본품 제공 등의 행위로서 보건복지부령으로 정하는 범위 안의 경제적 이익등인 경우에는 그러하지 아니하다.

제66조(자격정지 등) ① 보건복지부장관은 의료인이 다음 각 호의 어느 하나에 해당하면 1년의 범위에서 면허자격을 정지시킬 수 있다. 이 경우 의료기술과 관련한 판단이 필요한 사항에 관하여는 관계 전문가의 의견을 들어 결정할 수 있다. (1.~8. 중략) 9. 제23조의2를 위반하여 경제적 이익 등을 제공받은 때.

제88조의2(벌칙) 제23조의2를 위반한 자는 2년 이하의 징역이나 3천만 원 이하의 벌금에 처한다. 이 경우 취득한 경제적 이익 등은 몰수하고, 몰수할 수 없을 때에는 그 가액을 추징한다.

12) **약사법 제47조(의약품 등의 판매 질서)** ① 약국개설자·의약품의 품목허가를 받은 자·수입자 및 의약품 판매업자, 그 밖에 이 법에 따라 의약품을 판매할 수 있는 자는 대통령령으로 정하는 바에 따라 의약품 등의 유통 체계 확립과 판매 질서 유지에 필요한 사항을 지켜야 한다. ② 의약품의 품목허가를 받은 자, 수입자 및 의약품 도매상은 의약품 채

택·처방유도 등 판매촉진을 목적으로 약사·한약사(해당 약국 종사자를 포함한다. 이하 이 조에서 같다)·의료인·의료기관 개설자(법인의 대표자나 이사, 그 밖에 이에 종사하는 자를 포함한다) 또는 의료기관 종사자에게 금전, 물품, 편익, 노무, 향응, 그 밖의 경제적 이익(이하 "경제적 이익 등"이라 한다)을 제공하여서는 아니 된다. 다만, 견본품 제공, 학술대회 지원, 임상시험 지원, 제품설명회, 대금결제조건에 따른 비용할인, 시판 후 조사 등의 행위(이하 "견본품 제공 등의 행위"라 한다)로서 식품의약품안전처장과 협의하여 보건복지부령으로 정하는 범위 안의 경제적 이익등인 경우에는 그러하지 아니하다. ③ 약사 및 한약사는 의약품의 품목허가를 받은 자, 수입자 또는 의약품 도매상으로부터 의약품 채택 등 판매촉진을 목적으로 제공되는 경제적 이익 등을 받아서는 아니 된다. 다만, 견본품 제공 등의 행위로서 식품의약품안전처장과 협의하여 보건복지부령으로 정하는 범위 안의 경제적 이익등인 경우에는 그러하지 아니하다.

제94조의2(벌칙) 제47조 제2항 및 제3항을 위반한 자는 2년 이하의 징역 또는 3천만 원 이하의 벌금에 처한다. 이 경우 취득한 경제적 이익 등은 몰수하고, 몰수할 수 없을 때에는 그 가액을 추징한다.

제76조(허가취소와 업무정지 등) ① 의약품등의 제조업자, 품목허가를 받은 자, 원료의약품의 등록을 한 자, 수입자, 임상시험 또는 생물학적 동등성시험의 계획 승인을 받은 자 또는 약국개설자나 의약품 판매업자가 다음 각 호의 어느 하나에 해당하면 의약품등의 제조업자, 품목허가를 받은 자, 원료의약품의 등록을 한 자, 수입자, 임상시험 또는 생물학적 동등성시험의 계획 승인을 받은 자에게는 식품의약품안전처장이, 약국개설자나 의약품 판매업자에게는 시장·군수·구청장이 그 허가·승인·등록의 취소 또는 위탁제조판매소·제조소 폐쇄(제31조 제4항에 따라 신고한 경우만 해당한다. 이하 제77조 제1호에서 같다), 품목제조 금지나 품목수입 금지를 명하거나, 1년의 범위에서 업무의 전부 또는 일부의 정지를 명할 수 있다. 다만, 제4호의 경우에 그 업자에게 책임이 없고 그 의약품등의 성분·처방 등을 변경하여 허가 또는 신고 목적을 달성할 수 있다고 인정되면 그 성분·처방만을 변경하도록 명할 수 있다.

(2) 배임수증재죄의 변형구성요건으로서 불법리 베이트의 죄

이 불법리베이트의 범죄구성요건은 다음과 같은 형법상 배임수증재죄(背任受贈財罪)의 변형구성요건으로 볼 수 있다.

> **형법 제357조(배임수증재)** ① 타인의 사무를 처리하는 자가 그 임무에 관하여 부정한 청탁을 받고 재물 또는 재산상의 이익을 취득한 자는 5년 이하의 징역 또는 1천만 원 이하의 벌금에 처한다.
> ② 제1항의 재물 또는 이익을 공여한 자는 2년 이하의 징역 또는 500만 원 이하의 벌금에 처한다.

1) 배임죄의 변형구성요건으로서 배임수증재죄

배임수증재죄는 배임죄의 변형구성요건이다. 즉, "타인의 사무를 처리하는 자가 그 임무에 위배하는

5의2. 제47조 제2항을 위반하여 경제적 이익 등을 제공한 경우

제76조의3(안전상비의약품 판매자의 등록취소) ① 시장·군수·구청장은 안전상비의약품 판매자가 다음 각 호의 어느 하나에 해당하는 경우에는 등록을 취소할 수 있다. 다만, 제1호 및 제3호부터 제6호까지의 어느 하나에 해당하는 경우에는 등록을 취소하여야 한다.

7. 제47조 제1항을 위반하여 유통 체계 확립과 판매 질서 유지에 필요한 사항을 지키지 아니한 경우

제79조(약사·한약사 면허의 취소 등) ③ 보건복지부장관은 약사 또는 한약사가 다음 각 호의 어느 하나에 해당하면 1년 이내의 기간을 정하여 약사 또는 한약사의 자격정지를 명할 수 있다.

2. 제47조 제3항을 위반하여 경제적 이익을 제공받은 경우

행위로써 재산상의 이익을 취득하거나 제삼자로 하여금 이를 취득하게 하여 본인에게 손해를 가한 때"(형법 제355조 제2항)에 성립하는 배임죄에서 ① 타인의 사무를 처리하는 자를 재산권에 관련된 사무처리에 국한하지 않고, ② 재산권의 주체(타인)에게 재산상의 손해가 발생하지 않아도 되며, ③ 또한 재산상 이익이든 재물의 취득이든 묻지 않고, ④ 그리고 실제로 배임행위를 하지 않아도 배임수증재죄가 성립할 수 있다.

2) 불법리베이트에 대한 배임수증재죄의 적용

판례(대법원 2011.8.18. 선고 2010도10290 판결)[13]에 의하면 대학병원에서 의약품을 채택할 권

---

13) "대학병원 등의 의사인 피고인들이, 의약품인 조영제를 사용해 준 대가 또는 향후 조영제를 지속적으로 납품할 수 있도록 해달라는 청탁의 취지로 제약회사 등이 제공하는 조영제에 관한 '시판 후 조사'(PMS, Post Marketing Surveillance) 연구용역계약을 체결하고 연구비 명목의 돈을 수수하였다고 하여 배임수재의 공소사실로 기소된 사안에서, 연구목적의 적정성 및 필요성, 연구결과 신뢰성을 확보하려는 노력의 유무, 연구 수행과정과 방법의 적정성 및 결과 충실성, 연구대가의 적정성 등 제반 사정에 비추어, 연구용역계약은 의학적 관점에서 필요성에 따라 근거와 이유를 가지고 정당하게 체결되어 수행되었을 뿐, 제약회사 등의 조영제 납품에 관한 부정한 청탁 또는 대가 지급 의도로 체결된 것으로 볼 수 없다."
"대학병원 의사인 피고인이, 의약품인 조영제나 의료재료를 지속적으로 납품할 수 있도록 해달라는 부정한 청탁 또는 의약품 등을 사용해 준 대가로 제약회사 등으로부터 명절 선물이나 골프접대 등 향응을 제공받았다고 하여 배임수재의 공소사실로 기소된 사안에서, 피고인이 실질적으로 조영제 등의 계속사용 여부를 결정할 권한이 있었고, 단순히 1회

한과 임무가 있는 의사가 제약회사로부터 의약품의
지속적인 납품을 할 수 있게 해달라는 부탁을 받고
재물을 받으면 배임수재죄(제357조 제1항)가 성립하
고, 재물을 제공한 사람은 배임증재죄(제357조 제2
항)가 성립한다고 본다.

⑷ 불법리베이트에 의한 배임수재죄의 성립요
건 분석   이때 의사는 ① 타인(대학병원)의 사무를
처리하는 자에 해당하고, ② 의약품의 채택이 그 의
사가 병원에서 맡고 있는 자신의 "임무에 관하여",
즉 자신의 임무와 관련된 것이어야 한다(대법원
2005. 11. 10. 선고 2003도7970 판결).14) ③ "부정한 청
탁"은 배임까지 갈 필요는 없고, 사회상규나 신의성
실에 반하는 것이면 충분하므로(대법원 2008. 12. 11.
선고 2008도6987 판결),15) 의약품의 채택이 질병치료

에 그치지 않고 여러 차례에 걸쳐 선물과 향응을 제공받았
으며, 제약회사 등은 피고인과 유대강화를 통해 지속적으로
조영제 등을 납품하기 위하여 이를 제공한 점 등의 사정을
종합할 때, 피고인은 '타인의 사무를 처리하는 자'에 해당하
고, 피고인이 받은 선물, 골프접대비, 회식비 등은 부정한 청
탁의 대가로서 단순한 사교적 의례 범위에 해당하지 않는
다"(대법원 2011. 8. 18. 선고 2010도10290 판결).

14) 이때 자신의 임무란 "타인의 사무를 처리하는 자가 위탁받
은 사무를 말하는 것이나 이는 그 위탁관계로 인한 본래의
사무뿐만 아니라 그와 밀접한 관계가 있는 범위 내의 사무
도 포함되고, 나아가 고유의 권한으로 그 처리를 하는 자에
한하지 않고 그 자의 보조기관으로서 직접 또는 간접으로
그 처리에 관한 사무를 담당하는 자도 포함된다"(대법원
2005. 11. 10. 선고 2003도7970 판결).

15) "'부정한 청탁'이라 함은 반드시 업무상 배임의 내용이 되는
정도에 이를 것을 요하지 않고, 사회상규 또는 신의성실의

에 부적합한 것이 아니라 할지라도 의약품의 '판매질서'를 불공정한 경쟁으로 변질시킨다는 점에서 사회상규나 신의성실에 반하며, 따라서 경제적 이익의 제공에 의한 의약품 채택의 청탁은 ―배임은 아닐지라도― 부정한 청탁에 해당한다. ④ 그리고 실제로 의약품 채택을 하지 않았더라도 부정한 청탁으로 재산상 이익을 얻었다면 배임수재죄가 성립한다.

　(내) 리베이트의 불법성을 인정하지 않는 예외

　하지만 판례는 외견상 리베이트 명목의 재산상 이익 취득일지라도 예외적으로 그 불법성을 인정하지 않는 경우가 있다. 예컨대 "대학병원 등의 의사인 피고인들이, 의약품인 조영제를 사용해 준 대가 또는 향후 조영제를 지속적으로 납품할 수 있도록 해 달라는 청탁의 취지로 제약회사 등이 제공하는 조영제에 관한 '시판 후 조사'(PMS, Post Marketing Surveillance) 연구용역계약을 체결하고 연구비 명목의 돈을 수수하였다고 하여 배임수재의 공소사실로 기소된 사안에서, 연구목적의 적정성 및 필요성, 연구결과 신뢰성을 확보하려는 노력의 유무, 연구 수행과정과 방법의 적정성 및 결과 충실성, 연구대가의 적

　　원칙에 반하는 것을 내용으로 하는 것이면 족하다. 이를 판단함에 있어서는 청탁의 내용 및 이에 관련한 대가의 액수, 형식, 보호법익인 거래의 청렴성 등을 종합적으로 고찰하여야 하며, 그 청탁이 반드시 명시적임을 요하지 않는다"(대법원 2008.12.11. 선고 2008도6987 판결).

정성 등 제반 사정에 비추어, 연구용역계약은 의학
적 관점에서 필요성에 따라 근거와 이유를 가지고
정당하게 체결되어 수행되었을 뿐, 제약회사 등의
조영제 납품에 관한 부정한 청탁 또는 대가 지급 의
도로 체결된 것으로 볼 수 없다"(대법원 2011.8.18.
선고 2010도10290 판결)고 본다.

　　3) 불법리베이트와 우월적 지위의 남용과의 무관
련성　여기서 한 가지 짚고 넘어가야 할 점은 불법
리베이트의 범죄는 이상의 분석에서 보듯이 형법상
배임수재죄(제357조 제1항)에 해당하는 불법을 갖고
있지만, 이 죄의 불법은 의료인 등이 '거래상 우월
적 지위'를 갖고 있을 필요가 없다는 점이다. 다시
말해 의약품대금지급의 지연은 구매자가 거래상 우
월적 지위에 있을 때에만 비로소 불법리베이트가
되는 것이 아니다. 이를 거꾸로 보면, 의약품대금지
급의 지연을 불법리베이트로 본다거나, 의료인들이
여전히 불법리베이트의 범죄를 저지르고 있다고 하
여 그 점을 근거로 의료인이 의약품 공급자에 대해
거래상 우월적 지위에 있다는 점을 인정하는 것은
생략추론(enthymeme)의 오류를 범하는 것이라 할
수 있다.

　　4) 의료법과 약사법상 불법리베이트의 변형구성
요건　의료법과 약사법상 불법리베이트죄는 판례
가 의약품 리베이트에 대해 적용해 온 형법상 배임
수증재죄를 변형하여 생성된 범죄구성요건이라고

할 수 있다.

㈎ **판례와 불법리베이트법제의 입법취지** 의약품 구매와 관련된 의료인의 배임수재죄는 의료법 제23조의2(부당한 경제적 이익 등의 취득 금지) 및 제88조의2로 법제화되었고, 약사의 배임수재죄는 약사법 제47조 제3항 및 제94조의2로 법제화되었으며, 의약품 공급자의 배임증재죄는 약사법 제47조 제2항 및 제94조의2로 법제화되었다.

또한 판례가 의약품 채택과 관련한 연구용역계약에 의한 재산상 이익 취득행위에 불법성을 인정하지 않은 입장은 의료법 제23조의2 제1항 단서["다만, 견본품 제공, 학술대회 지원, 임상시험 지원, 제품설명회, 대금결제조건에 따른 비용할인, 시판 후 조사 등의 행위(이하 "견본품 제공 등의 행위"라 한다)와 약사법 제47조 제2항 단서["다만, 견본품 제공, 학술대회 지원, 임상시험 지원, 제품설명회, 대금결제조건에 따른 비용할인, 시판 후 조사 등의 행위(이하 '견본품 제공 등의 행위'라 한다)로서 식품의약품안전처장과 협의하여 보건복지부령으로 정하는 범위 안의 경제적 이익 등인 경우에는 그러하지 아니하다"]로 제도화되었다고 할 수 있다.

㈏ **배임수증재죄의 독자변형구성요건으로서 불법리베이트의 죄** 하지만 의료법과 약사법상 불법리베이트의 죄는 형법상 배임수증재죄와 구조적으로 동일하고, 단지 특수한 사례군에 대해 적용되는 특별법이기만 한 것은 아니다. 왜냐하면 불법리

베이트죄의 주체는 "타인의 사무를 처리하는 자"가 아니라 단순히 의료인과 약사 등으로만 규정하고 있기 때문이다. 이런 구성요건의 변형은 법인격이 있는 의료기관(예: 대학병원, 의료법인)에 속해 있는 의료인의 행위뿐만 아니라 법인격이 없고, 단지 사업자등록만 하고 있는 개원의의 불법리베이트를 ─ 비록 배임수재죄로는 처벌할 수 없지만─ 형사처벌할 수 있게 해준다. 그런 점에서 형법이론적으로 말하면 의료법과 약사법상 불법리베이트의 죄는 배임수증재죄의 '독자적인' 변형구성요건이 된다. 바로 이 점에서 불법리베이트죄의 법정형(2년 이하의 징역이나 3천만 원 이하의 벌금)이 배임수재죄의 법정형(5년 이하의 징역 또는 1천만 원 이하의 벌금)보다 현저히 가벼운 이유를 이해할 수 있다.

이렇게 볼 때 법인격이 있는 의료기관에 속한 의료인이 불법리베이트 명목으로 재산상 이익을 취득한 경우에는 의료법상 불법리베이트의 죄가 아니라 법정형이 높은 형법상 배임수재죄(제357조 제1항)를 적용하여야 한다. 그런 행위는 형법상 배임수재죄에 정확하게 포섭될 수 있기 때문이다. 물론 형법상 배임수재죄를 적용하면서 개원의 경우 법정형이 2년 이하의 징역인 점과의 형평성을 양형에서 고려할 수는 있을 것이다.

2. 의약품 대금의 늦은 지급기일과 불법리베이트의 이질성

그러면 의약품공급계약에서 대금지급기일을 합의에 의해 늦게 설정하는 행위가 불법리베이트죄처럼 형법상 배임수재죄(의 독자적 변형구성요건)의 불법유형을 갖고 있는 것일까? 의료법과 약사법 개정안은 이를 전제로 하고 있는 듯하다. 개정안이 문제삼는 의약품대금의 늦은 지급은 병원급의 의료기관이 하는 경우를 대상으로 삼고 있으므로, 병원의 늦은 대금지급이 불법리베이트의 불법유형을 갖고 있는지를 살펴보기로 한다.

(1) 배임수재죄의 주체 측면에서 불법의 결핍

첫째, 배임수재죄의 불법은 타인사무처리자의 행위에 대해서만 인정된다. 그런데 의약품 구매비용은 실질적으로는 국민건강관리공단이 요양급여비용으로 지급하게 되므로, 그 구매와 관련된 행위는 공단의 사무를 처리하는 것일 때 비로소 배임수재죄의 (주체의 측면에서) 불법을 갖는 것이 된다. 그러나 요양기관이나 그에 소속한 의료인 등은 의약품 판매자와의 관계에서는 물론이고, 공단과의 관계에서 "타인의 사무를 처리하는 자"라고 볼 수가 없다. 요양기관과 공단은 각자의 사무를 처리하는 것이며, 단지 각자의 사무가 사회보장의료보험체계를 형성하도록 그들의 권리와 의무가 체계적으로 짜여 있는 것일 뿐이다.

(2) 부정한 청탁의 부존재

둘째, 의약품거래계약상 대금지급의 시기를 합의에 의해 늦게 정해 놓았다면 채무이행의 지연 자체가 없다는 점도 문제이다. 대금지급 시기를 늦게 정한 계약의 효력은 (무효가 아닌 한) 일단 유효한 것이며, 이 유효한 계약의 체결에 의해 이루어진 의약품의 채택을 "부정한 청탁"을 받은 결과라고 볼 수 없다. 왜냐하면 의약품 구매자나 판매자 모두 재정적자에 시달리는 상황에서 지급기일의 결정은 두 당사자 모두가 생존할 수 있는 방향이거나 적어도 한 당사자에게 다소 불리하지만, 계약자유의 한계를 넘어서는 정도로 불리하게 이루어지지 않기 때문이다. 한 당사자의 생존의 전략 또는 공존(원-윈)의 전략을 두고 "부정한 청탁"에 의한 행위로 볼 수 없는 것이다. 병원의 입장에서 바라보면, 늦은 대금결제는 재정적자를 관리해 나가는 합리적 경영행위가 될 뿐이다.

(3) 불법이득의 흠결

셋째, 배임수재죄가 성립하려면 의약품을 구매하는 요양기관이 아니라 그 구매를 대행하는 자가 재물 또는 재산상의 이익을 취득하였어야 한다. ①

그러나 대금지급 지연으로 발생하는 이자소득은 계약 당사자인 요양기관 자체의 이익으로 귀속되므로, 불법한 재산상의 이득도 없는 셈이 된다. ② 더 근본적으로는 이자소득의 법인귀속은 '불법이득'(Unrechtsmäßige Bereicherung)에 해당할 수도 없다. 왜냐하면 의약품거래계약은 계속적 물품공급계약이고, 이런 계약의 형태에서 의약품의 공급과 시간차를 두고 반복되는 대금지급의 정산행위를 두고 ―아무리 양보해도 사회적 의미로 '부당한' 이득이라고 말할 수 있을런지는 몰라도― 불법이득이라고 볼 수는 없기 때문이다.

이상에서 의약품공급계약에서 대금지급기일을 늦게 정하는 합의는 불법리베이트죄의 불법과 거리가 너무 먼 행위임을 알 수 있다. 따라서 의료법과 약사법 개정안처럼 불법리베이트죄의 조항에 그런 계약체결행위를 범죄의 하나로 추가하는 것은 형법이론적으로 전혀 정당화될 수 없다.

[4] 의약품공급계약의 사적 자치를 제한하는 법률개정안의 위헌성

I. 부당이득의 법리와 사적 자치의 제한

의약품공급계약에서 대금지급을 늦은 시점으로 정하는 합의는 의약품 구매자(특히 병원)와 의약품 판매자(특히 도매상)가 모두 재정적으로 어려운 상황에서 공존을 도모하는 윈-윈의 전략이며, 그 둘은 상생관계를 이루고 있다.

1. 개별사안에서 부정한 이득

하지만 현실에서 특히 대형종합병원의 경우는 구매자인 대형종합병원이 판매자에 비해 다소 유리한 경우가 있을 수 있다. 그때 의료기관이 얻는 (공단으로부터 구입대금을 상환 받은 후 판매자에게 대금을 지급할 때까지 발생하는) 이자소득은 개별사안에서 특수하게 정의롭지 못한 이득, 즉 '부정한 이득' (unlautere Bereicherung)이라고 말할 수 있다.

여기서 '부정한'이란 단어의 의미는 조세범처벌법상 "사기나 그 밖의 부정한 행위로써"(제3조)에서 말하는 "부정한"과 같은 의미가 아니다. 조세범처벌법상 "부정한"은 개별사안에서만 부정한 행위가 아니라 일반적으로 부정한 행위, 즉 '사기에 준하는' 정도로 불법적인 것을 말한다. 또한 부정경쟁방지 및 영업비밀보호에 관한 법률도 "부정"이라는 단어를 사용하는데, 이때 "부정"은 주로 타인의 상표권 등의 권리를 침해하는 행위를 말하므로 개별사안에서 "부정"한 이득이 아니라 일반적으로 부정한 이득이 된다.

2. 부당이득의 법리에 의한 규제

또한 여기서 부정한 이득은 민법상 부당이득 (ungerechtfertigte Bereicherung)에도 해당되지 않는다.

(1) 민법상 부당이득의 법리적용의 불가능성

민법상 부당이득은 "법률상 원인 없이 타인의 재산 또는 노무로 인하여 이익을 얻고 이로 인하여 타인에게 손해를 가한" 경우에 성립하는데, 의약품 공급계약에서 합의된 바에 따라 대금을 늦게 결제함으로써 발생하는 재산상 이득은 이에 해당할 수 없다.

1) 계약에 기초한 이득 그 이유를 검토해보면, 첫째, 의약품 구매자와 의약품 판매자 사이에서 그 사실상의 지연이자는 계약상 지급기한으로 정해진 날까지는 구매자가 가지기로 하는 합의에 따른 것이라는 점에서 "법률상 원인 없이" 얻은 것이 아니기 때문이다.

2) 법률상 권리에 의한 이득 둘째, 의약품 구매자인 국민건강보험법상 요양기관과 공단 사이에서도 마찬가지이다. 의약품 구입비는 의료기관이 보험가입자에게 실시해야 하는 요양급여인 약제·치료재료의 지급(제41조 제1항 제2호)을 위한 비용이다. 국민건강보험법상 요양기관은 이 비용을 국민건강보험공단에 청구할 권리를 갖고, 국민건강보험공단은 이를 지급할 의무를 진다(제47조).

요양기관은 이 비용을 공단에 청구하기 위해 심사평가원에 요양급여비용의 심사청구(제47조 제2항)를 한다. 이 심사청구는 공단에 대한 요양급여비용의 청구로 보며(제47조 제1항), 공단은 심사평가원의 심사내용을 통보받은 후 지체 없이 그 내용에 따라 요양급여비용을 요양기관에 지급한다(제47조 제3항 본문).

따라서 의약품 구입비용을 국민건강보험공단으로부터 지급받은 뒤 의약품 판매자에게 지급할 때까지 발생하는 이자는 법률상 원인이 없는 이득으로 볼 수는 없다. 물론 이 이자의 귀속을 결정하는 법률상 명문규정은 없다. 이 이자의 귀속은 사법상의 관계인 의약품공급계약관계에서 의약품 구매자와 판매자가 합의에 의해 결정하고 있는 것이다.

⑵ 사회법상 부당이득환수의 법리

사회법도 부당이득을 (그 정당한 권리자에게) 반환시키는 제도가 있다.

1) 국민건강보험법상 부당이득의 환수 　① 국민건강보험법 제57조(부당이득의 징수)는 "공단은 속임수나 그 밖의 부당한 방법으로 보험급여를 받은 사람이나 보험급여 비용을 받은 요양기관에 대하여 그 보험급여나 보험급여 비용에 상당하는 금액의 전부 또는 일부를 징수"(제1항)하고, 그 비용을 "가입자나 피부양자에게 지체 없이 지급"(제5항 본문)하도록 하고 있다.[1] ② 또한 속임수나 그 밖의 부당

---

1) 헌법재판소는 공단에 의한 부당한 요양급여비용의 환수와 가입자에 반환 지급제도를 다음과 같이 합헌으로 보고 있다: 부당이득환수 조항의 취지는 "건강보험 수급청구권을 보장하고 바람직한 보험급여체계의 유지를 통한 건강보험 재정의 건전성 확보에 있다고 할 것이다. 나아가 법 제52조 제4항은 국민건강보험의 재정의 건전성을 유지함에 있어 가입자 및 피부양자의 편의를 위하여 둔 조항으로서, 가입자 등에게 반환청구권을 맡겨 두는 경우에는 실효성 있게 집행

한 방법으로 받지 않았어도 제47조 제3항 단서에
의하면 의료기관이 환자(보험가입자)에게서 받은 본
인일부부담금이 심사평가원이 적정성을 인정하는
금액보다 많은 경우에 공단은 요양기관에 지급할
금액에서 더 많이 낸 금액을 공제하여 이를 해당 가
입자에게 지급하도록 하고 있다.

　　2) 보험법적 관계와 사적 자치의 제한　　제57조
에 의하게 되면, 예컨대 요양기관에 소속한 직원이
무면허진료를 하고 그 비용을 공단에 청구하고 지
급받은 경우에 공단은 그 무면허진료로 요양기관이
받은 비용을 환수하여 수진자에게 지급하게 된다.
이때 모든 진료비용을 되돌려 받게 된 수진자는 결
과적으로는 요양기관에서 받은 요양급여(예: 진료행
위, 투약)에 대하여 부당이득을 한 셈이 된다. 따라
서 사법상의 관계라면 요양기관은 비용을 반환하면
서도 수진자가 받은 진료에 대해서는 부당이득반환
청구권(민법 제741조)을 갖게 되고,[2] 이를 수진자가

　　되지 않을 가능성이 크다는 것을 이유로 집행의 효율성을
　　위해 둔 조항이다"(헌재 2011.6.30. 2010헌바375 결정).
　2) 다만 무면허의료행위로 요양급여를 수진자에게 한 경우는
　　불법원인급여(민법 제746조)에 해당하여 그 요양기관에게
　　부당이득반환청구권이 없다고 보아야 한다. 이 점은 헌법재
　　판소의 결정에서 다루지지 않고 있다. 그런 헌법재판소의
　　결정이유는 요양기관이 무면허의료행위와 같은 불법급여를
　　한 것이 아니라 판례(대법원 2012.6.18. 선고 2010두27639
　　전원합의체 판결)가 허용하는 조건(이에 관한 자세한 내용
　　은 이상돈・김나경, 의료법강의, 법문사, 2013, 267쪽 아래
　　참조)을 충족하지 못한 임의비급여의 비용을 징수한 경우에

되돌려 받을 비용과 상계할 권리도 가진다. 이러한
부당이득반환청구권과 상계권이 국민건강보험법상
공단에 의한 부당한 요양급여비용의 환수와 수진자
에 대한 반환 제도에 의해 침해되는 셈이다. 그러나
헌법재판소는 이 제도가 자기책임원칙(헌법 제10조
행복추구권에서 도출함)이나 재산권보장에 위배되지
않는다고 보았다.[3]

> "요양기관이 가입자 등에 대하여 부당이득반환청구
> 권을 가지게 되는 경우 요양기관과 가입자 사이에
> 발생한 법률관계도 **사적자치의 원칙**에 따라 이루어
> 져야 함은 당연하다. 그러나 요양급여비용이 정당
> 한지 여부는 국민건강보험법 및 그 시행령, 시행규
> 칙, '국민건강보험 요양급여의 기준에 관한 규칙' 등
> 을 종합적으로 검토해야 비로소 알 수 있는데, 일반
> 인들에게 이러한 기술적 · 전문적인 내용을 파악하
> 도록 요구하기 어렵기 때문에, 공단이 직접 요양급
> 여비용이 정당한지 여부를 심사하여 그 법률관계를
> 정리해 줄 필요성이 크다. 뿐만 아니라, 사위 기타
> 부당한 방법으로 지출한 요양급여비용을 가입자 또
> 는 피부양자에게 개별적으로 행사하라고 한다면,
> 요양급여비용의 회수가 제대로 이루어지지 않을 수
> 있다. 즉 개별 가입자 등의 각자의 입장에서는 청구

　　는 여전히 타당하다. 따라서 이 글에서는 불법원인급여(민
　　법 제746조)에 해당하지 않는 경우까지 포함한 것으로 보고
　　논의한다.
　3) 헌재 2011.6.30. 2010헌바375 결정.

할 요양급여액이 극히 소액에 지나지 않는 경우가
많으므로, 요양기관이 임의반환하지 않는 경우에
가입자 등이 개별적으로 소를 제기하여 반환받을
가능성은 크지 않아, 결국 가입자 등이 반환받지 못
한 요양급여비를 요양기관이 부당이득하게 될 가능
성이 많다. 나아가, 위 법률조항은 요양기관이 부당
이득한 요양급여비용의 원상회복방법을 정하고 있
는데, 그러한 부당이득의 법률관계가 발생한 것은
요양기관의 사위 기타 부당한 방법에 따른 요양급
여비용 청구에 기인한 것이고, 가입자 등이 관여한
바는 거의 없다고 할 것이므로, 그 부당이득한 금액
을 원상회복하는 절차에 있어서도 가입자 등에게
편리한 방법으로써 공단이 요양기관으로부터 징수
하여 직접 가입자 등에게 지급할 필요가 있다고 할
것이다. 따라서, 법 제52조 제4항에서 공단이 직접
요양기관으로부터 사위 기타 부당하게 받은 요양급
여비용을 징수하여 가입자 등에게 지급하는 것에는
합리적인 이유가 있다고 할 것이어서, 요양기관의
재산권을 침해하지 아니한다."(헌재 2011.6.30.
2010헌바375 결정)

그러나 헌법재판소가 이처럼 사적 자치의 원칙
을 제한하는 법제(국민건강보험법 제57조)를 합헌으
로 본 것은 요양기관과 가입자 그리고 보험자의 관
계 사이의 '(사회)보험법적 관계'가 전제되어 있기
때문이다. 즉 헌법재판소는 이렇게 논증하고 있다.

"우리나라는 건강보험에 관하여 **사회보험제도**를 채택하고 있는바, 이 제도 하에서는 법이 정하는 요건을 충족시키는 국민에게 가입의무가 부과됨으로써 보험 가입이 법적으로 강제되며 **보험법적 관계**가 당사자의 의사와 관계없이 법률에 의하여 성립한다는 점에서, 보험가입의 여부가 계약자유의 원리에 따라 당사자 간의 자유로운 의사결정에 의하여 이루어지며 보험법적 관계가 민·상법상의 계약에 의하여 성립되는 사보험(私保險)과는 크게 다르다."
(헌재 2011.6.30. 2010헌바375 결정)

3) 사회보험법적 관계가 아닌 의약품공급계약의 관계 그러면 이와 같은 제한이 의약품 대금을 늦게 지급하는 의료기관의 행위에 대해서도 인정될 수 있는 것일까? 앞의 합헌결정을 반대해석(逆推, argumentum e contrario)해보면, 〈요양기관-가입자-보험자〉라는 삼면관계와 같은 사회보험법적 관계가 성립하지 않는 경우에는 계약자유의 원리가 적용된다고 볼 수 있다. 이를 다음과 같은 도식으로 표현할 수 있다.

$\wedge x\ (OGx \rightarrow Fx)$: 사적 자치를 제한하려면 법률에 의한 사회보험법적 관계가 있어야 한다(헌재 2011.6.30. 2010헌바375 결정).

$\wedge x\ (\sim Fx \rightarrow \sim OGx\ )$: 의약품공급계약에는 사회보험법적 관계가 없으므로, 사적 자치가 제한되지 않는다(헌재 2011.6.30. 2010헌바375 결정의 반대해석).

의료기관과 의약품 판매자 사이에 민사상 계약
관계가 성립하고, 그리고 의료기관과 국민건강보험
공단(보험자) 사이에 요양기관(과 보험자 사이의) 관
계가 성립하지만, 국민건강보험공단과 의약품 판매
자 사이에는 민사상 계약관계도 없고 요양기관(과
보험자 사이의)의 관계도 없다. 따라서 의료기관이
의약품 판매자에게 대금을 합의에 의해 늦게 결제
하는 행위를 통해 의료기관이 재산상 이익(예: 이자,
병원운영에 필요한 유동성 확보 등)을 얻더라도 그 재
산상 이익을 침해(특히 박탈)하는 법은 계약자유의
원리(사적 자치의 원리)에 위배된다.4) 따라서 의료기
관이 국민건강보험공단으로부터 받은 의약품 구입
금액을 의약품 판매자에게 계약상 명시한 지급기한
까지 보관함으로써 발생하는 이자는 계약당사자들
이 그 귀속에 관한 결정을 합의로 정할 수 있다. 물
론 이와 같은 반대해석은 법학방법론으로서 그 논
리적 타당성은 인정할 수 있으나 실천적 타당성은
회의를 가질 수도 있다. 그럼에도 불구하고, 우리나

---

4) 대법원이 제한된 조건 아래 임의비급여를 허용한 판례(대법
   원 2012.6.18. 선고 2010두27639 전원합의체 판결)를 두고
   "사적 자치에 따라 임의비급여를 허용하자는 … 견해는 …
   (중략) … 헌법의 사회국가원리에 따른 사회보험체계와 합
   치되지 않는 법률해석이라 할 것이다"고 보는 견해[정영철,
   "공법적 시각에서 본 임의비급여의 제한적 허용의 쟁점", 法
   學論攷(경북대학교 법학연구원), 제40집, 2010, 272쪽]를
   취한다고 하더라도 사회보험법적 관계에 들어와 있지 않은
   의약품공급계약의 경우에까지 사적 자치의 원리를 제한한
   다고 보기는 어려울 것이다.

라 법원은 반대해석을 통한 법발견(Rechtsfindung)을 즐겨 한다. 반대해석의 결론이 실천적 타당성이 없음은 그것을 반박하는 사람이 입증해야 한다.

II. 사적 자치의 법률적 제한에 대한 헌법재판소의 기준

그러면 의료법 개정안(오제세 의원 대표발의)과 약사법 개정안(국회 보건복지위원회 안)처럼 의약품 공급계약에서 합의에 따른 늦은 대금결정으로 발생하는 이자 등의 재산상 이익을 제한(특히 박탈)하는 법률은 합헌적일 수 있는가?

1. 헌법재판소의 재산권 제한의 기준

이 물음에 답하는 데에는 헌법재판소가 세운 다음과 같은 제한의 원칙에 주목할 필요가 있다.

"헌법은 재산권을 보장하지만 다른 기본권과는 달리 '그 내용과 한계는 법률로 정한다.'고 하여 입법자에게 재산권에 관한 규율권한을 유보하고 있다. 그러므로 재산권을 형성하거나 제한하는 입법에 대한 위헌심사에 있어서는 입법자의 재량이 고려되어야 한다. 재산권의 제한에 대하여는 재산권 행사의 대상이 되는 객체가 지닌 **사회적인 연관성과 사회**

적 기능이 크면 클수록 입법자에 의한 보다 광범위한 제한이 허용되며, 한편 **개별 재산권이 갖는 자유보장적 기능**, 즉 국민 개개인의 자유실현의 물질적 바탕이 되는 정도가 강할수록 엄격한 심사가 이루어져야 한다"(헌재 2005.5.26. 2004헌가10 결정).

2. 의약품대금의 늦은 결제로 인한 재산상 이익의 자유보장적 기능

(사회)보험법적 관계가 없는 사적 계약(의약품공급계약)에서 그 지급기일을 당사자가 합의하여 정함으로써 발생하는 어느 일방의 재산상 이익(예: 이자, 유동성 확보)이 "사회적인 연관성과 사회적 기능이 큰" 경우에 해당하는가? 아니면 "개별 재산권이 갖는 자유보장적 기능, 즉 국민 개개인의 자유실현의 물질적 바탕이 되는 정도가 강"한 경우에 해당하는가? 요양기관과 의약품 판매자 사이에 대금의 결제가 느리고 빠르고는 건강보험의 재정 건정성에 관련이 없다는 점에서 "사회적인 연관성과 사회적 기능이 큰" 경우에 해당하지 않는다고 보아야 한다.

(1) 의료기관의 큰 흑자와 의약품 판매자의 큰 적자가 구조화되는 경우

물론 의약품 대금결제가 늦은 계약을 통해 의료기관이 흑자의 폭을 더욱 늘리고, 의약품 판매자

(제약회사나 도매상)의 적자를 가중시켜 그들을 도산의 위기에 빠뜨리게 하는 상황이 일반적인 현상이라면, 거시적으로는 요양급여의 약제·치료재료의 공급이 현저히 위축되고, 이는 사회보장적 의료보험체계에 또 다른 위험이 될 수 있다. 다시 말해 의약품 대금결제 기일의 느리고 빠름이 의료기관의 큰 흑자와 제약회사나 도매상의 큰 적자에 대한 (유일하거나 가장 중요한) '구조적 원인'이고, 그 원인으로 인해 의약품의 생산·판매가 위축되어 요양급여의 약재·치료재료 공급이 원활할 수 없게 된 경우에는 재산권이나 계약자유의 원리에 대한 제한은 정당화될 여지가 있다.

(2) 병원들의 재정적자와 합헌적인 늦은 지급기일의 거래관행

그러나 앞 ([1] 단락)의 통계에서 보듯 제약회사들은 평균적으로 높은 재정흑자율을 (그리고 도매상들은 병원들과 비슷하거나 다소 높은 흑자율을) 기록하는 반면, 병원들은 만성적인 재정적자에 시달리는 상황에서 약제·치료재료비용으로 지급받은 금액을 그 의약품공급계약에서 정한 지급기일까지 보유하는 것은 요양기관의 존속에 있어 헌법재판소가 말하는 "물질적 바탕이 되는 정도가 강"한 경우라고 보아야 한다. 의약품공급계약의 당사자들 사이의 대금결제 시기의 자율적 조정은 요양기관과 의약품

공급자(제약회사, 도매상)가 함께 존속하고 발전하기 위한, 즉 상생관계를 형성하는 윈-윈의 전략인 것이다. 따라서 의료기관의 의약품 대금결제시기를 법률로 강제하는 것은 "재산권의 자유보장적 기능"을 분명하게 훼손하는 것이 된다.

III. 개별사안의 부정의에 대한 법률적 제한과 과잉금지원칙

이상의 설명에서 의료기관이 의약품공급계약에 의해 그 대금의 지급기일을 늦춤으로써 얻는 이득은 민법, 공정거래법, 형법, 국민건강보험법과 같은 사회(보험)법 등 어떤 법에 의해서도 '불법적'(illegal)인 것이 아니며, 법률로 제한할 수 없는 계약의 자유 또는 재산권임을 알 수 있었다.

1. 개별사안의 부정의

다시 말해 계약적 합의에 의해 공단으로부터 지급받은 후 의약품공급계약상 지급기일까지 발생하는 이자의 귀속을 정하는 것은 법률로 제한할 수 없는 사적 자치(자율 private autonomy)의 범위 내에 있는 것이다. 다만 사적 자치의 범위 내에 있으면서도 '개별'거래관계에 따라서는 대금지급기일이 다소 의약품 판매자에게 불리한 경우가 있을 수 있고, 이 때 불리함은 개별적으로(개별사안에서) 정의롭지 못함이란 ―법률로써는 실현할 수 없고, 오직 법관이 법률을 적용할 때 비로소 실현할 수 있고, 또한 실현해야만 하는― 개별사안정의(Einzellfallgerechtigkeit)에 반대되는 의미의 '개별사안의 부정의'(Einzell-fallungerechtigkeit)를 뜻할 수 있을 뿐이다.

2. 법이론적 오류 : 일반화의 오류

하지만 이러한 '개별사안의 부정의'를 제거하기 위해 모든 의약품공급계약에 대하여 계약의 내용 가운데 지급기한을 일정 기간 이내로 강제하는 법률을 제정한다면 그것은 첫째, 법이론적으로 매우 커다란 오류를 범하게 된다. 그런 법률은 개별사안의 부정의를 모든 사안의 부정의로 '일반화'(verall-gemeinerung)하는 오류를 범하는 것이다. 그런 오류로써 부정의한 개별사안보다 훨씬 많은 개별사안(群)에서 정의를 실현하는 법률의 보편적 기능은 침윤되고 만다.

만일 법이 소수의 개별사안에서 부정의를 외면하고, 다수의 개별사안에서 정의를 실현하는 기능만을 바라본다면, 그 법은 (자연법론에서 이해하는) 이성법처럼 비민주적이며, 권위적인(authoritarian) 것이 된다. 그럴 때 그 법이 표방하는 정의는 (칸트의 개념을 빌면) '맹목'(blind)적인 것이라 할 수 있다. 반면에 법이 소수의 개별사안 부정의를 개선하는 데에만 집착하고, 다수의 개별사안에서 정의를 실현하는 과제를 등한시한다면, 그 법은 해체주의에서 이해하는 법처럼 지나치게 '허무주의적인'(nihilistic) 것이 된다. 그런 법이 표방하는 정의는 (다시 칸트의 개념을 빌면) '공허'(leer)한 것이 된다. 이처럼 허무주의적이고, 공허한 법이든 권위주의적이고, 맹목적인 법이든, 이들은 모두 법률제정의 차원과 법률적용의 차원을 구분하지 못한 법이론적 오류에서 비롯된다.5)

3. 과잉금지원칙의 위배

의약품공급계약에 대한 사적 자치(자율)를 제한하는 입법이 범하는 오류는 바로 개별사안의 있을 수 있는 부정의를 제거하기 위해, 사적 자치가 가지는 보편적인 정의를 훼손한다는 점이다. 여기서 사

---

5) 그러므로 헌법학자들이 말하는 국가의 기본권보호의무로부터 사적 자치를 제한할 가능성이 인정되는 상황, 즉 "사적 자치가 제대로 기능을 발휘하지 못할 정도로, 계약당사자간의 사실상의 힘의 균형이 파괴되어 있는 곳에서는 국가가 개입할 수밖에 없"[대표적으로 방승주, "사법질서(私法秩序)에 있어서 국가(國家)의 기본권보호의무(基本權保護義務): 최근 독일 연방헌법재판소 판례의 분석을 중심으로," *공법학연구* 제7권 제5호, 2006, 71쪽]는 상황이 여기서 내가 말하는 개별사안에서 부정의함이 인정되는 상황에 이미 인정되는 것인지는 의문이다.

적 자치가 가지는 '보편적인 정의'란 계속적 물품공
급계약인 의약품공급계약의 당사자들이 그 대금의
지급기한을 협상 · 조정 · 준수하고, 기존 계약의 경
험에 대한 반성을 토대로 다시 협상 · 조정 · 준수하
는 과정을 계속적으로 해 나아감으로써[6] 서로 신뢰
를 형성하고, 그 신뢰를 바탕으로 거시적으로는 두
당사자 모두에게 (비록 최대나 최선은 아닐지라도, 공
존을 가능케 하는) 공존이익을 주는 상생관계를 이루
게 되는 것을 가리킨다. 이와 같은 사적 자치가 갖는
더 보편적인 이익을 희생시킴으로써 개별사안의 부
정의를 제거하는 입법은 입법의 재량(형성의 자유)을
이미 벗어난 것이며, 사적 자치의 순기능영역을 초
토화시킨다는 점에서 과잉금지(Übermaßverbot)의
원칙에 위배된다고 보아야 한다.

4. 보험자의 의무를 위반하는 입법

물론 의약품공급계약의 사적 자율을 제한하는
대신에 그로 인해 그 계약의 당사자들이 처하게 되
는 재정적 위기를 (수가의 인상이나 보조금의 지급을
통해) 정부가 재정적 지원을 통해 극복할 수 있도록

---

6) 이런 조정의 지속적 과정은 곧 사적 자치가 정상적으로 작
동하고 있음을 의미한다. "사적 자치적 영역에서는 통상 자
의(恣意)가 지배하는 것이 아니라 쌍방 간의 이해관계의 조
정이 이루어진다"고 보는 권오승, "사적 자치의 우선," 고시
계 9월호, 1986, 86쪽.

돕는 입법적 조치를 함께 취한다면, 과잉금지의 원칙에 위배되지는 않는다고 말할 여지가 있다. 하지만 그런 경우 국민건강보험공단의 보험재정은 또 다른 부담을 안게 될 수 있다. 이처럼 보험재정의 건전성에 부담을 주면서 사적 자율의 순기능까지 훼손하는 입법안은 결코 바람직한 의료보험법정책이 된다고 볼 수 없다.

만일 이처럼 의약품공급계약의 사적 자율을 축소시키고, 사회보장을 확대하는 법정책을 계속 추진해야 한다면, 그 정책은 의약품 공급자도 요양기관으로 편입시켜 국가가 의약품 공급에 대한 대금을 직접 신속하게 지불하는 체제로 향해가는 것이라 볼 수 있다. 만일 공단이 요양기관이 맺는 사적 계약의 상대방(의약품 판매자)의 재정적 불리를 정당한 개입의 근거 없이 제거해주는 데 재정을 지출한다면, 이는 보험자와 가입자 그리고 요양기관으로 구성되는 국민건강보험법적 관계에 불이익을 가져다주는 것이 된다. 이는 국민건강보험공단의 국민건강보험법상 책무, 즉 "사회보장 증진"(제1조) 의무에 위배되는 결과이다. 따라서 국민건강보험공단이 이런 법률상 책무에 위반되지 않기 위해서는 궁극적으로는 의약품공급계약이라는 사적 계약의 상대방인 의약품 판매자들을 요양기관으로 편입시켜야만 하게 된다. 그러나 그런 편입은 제약산업의 발전을 가로막을 가능성이 매우 높다. 그러므로 보험자는 사적 계약의 자율적 형성에 개입하지 않아야 한다.

IV. 의료법 및 약사법 개정안의 과잉금지원칙 위반

1. 개정안의 두 가지 목적의 달성에 대한 예측

의료법과 약사법 개정안의 입법취지를 새겨보면, ① 의약품 대금지급기한을 강제하는 의료법과 약사법 개정안이 만성적인 재정적자에 시달리고 있는 의료기관 등과 제약회사 등이 함께 공존할 수 있게 하는 상태를 미래에도 유지시키면서 ② 단지 개별 의약품공급계약(의 대금결제에서)의 부정의만을 제거하는 것이라고 볼 수 있다. 만일 ①의 목적이 ―이 목적은 개정안 제안자들에게는 개정안의 '전제조건'이 되겠지만― 달성되지 않는다면, ①의 목적이 ②의 목적보다 더 큰 것이므로 개정안은 그 자체로서 과잉금지원칙에 위배되는 입법이 될 것이다. 또한 개정안을 통해 ②의 목적이 달성되지 않는 경우에는 그 자체로서 불필요하게 사적 자치를 제한하는 법률이 되어, 역시 과잉금지원칙에 위배되는 입법이 된다. 그런데 개정안은 이 두 가지 목적이 달성될 것인지 여부에 대한 (입법자의) 예측

을 전제로 한다. 만일 그런 예측이 없다면, 개정안
은 최소침해원칙 또는 과잉금지원칙에 위배되는
것이다.

2. 예측의 불확실성으로 인한 불이익의 귀속에
   관한 헌법재판소의 기준

　　그러나 미래의 사태에 대한 예측은 언제나 불
확실하다. 이 불확실성을 입법자의 부담(입법재량권
의 축소) 또는 기본권을 침해당하는 국민의 부담(요
양기관의 의약품공급계약의 자유 제한)으로 돌려야 하
는가에 관하여 헌법재판소는 다음과 같이 두 가지
기준을 제시한 바 있다.

　　"법률의 효과가 예측되기 어렵다면, 이러한 불확실
성이 공익실현을 위하여 국민의 기본권을 침해하는
입법자와 기본권을 침해당하는 국민 중에서 누구의
부담으로 돌아가야 하는가 하는 문제가 제기된다.
법률이 개인의 핵심적 자유영역(생명권, 신체의 자
유, 직업선택의 자유 등)을 침해하는 경우 이러한
자유에 대한 보호는 더욱 강화되어야 하므로, 입법
자는 입법의 동기가 된 구체적 위험이나 공익의 존
재 및 법률에 의하여 입법목적이 달성될 수 있다는
구체적 인과관계를 헌법재판소가 납득하게끔 소
명·입증해야 할 책임을 진다고 할 것이다. 반면에,
개인이 기본권의 행사를 통하여 일반적으로 타인과

사회적 연관관계에 놓여지는 **경제적 활동을 규제하는 사회 · 경제정책적 법률**을 제정함에 있어서는 입법자에게 보다 **광범위한 형성권**이 인정되므로, 이 경우 입법자의 예측판단이나 평가가 **명백히 반박될 수 있는가 아니면 현저하게 잘못되었는가** 하는 것만을 심사하는 것이 타당하다고 본다"(헌재 2002. 10.31. 99헌바76 결정).

(1) 핵심적 자유영역에서 계약자유 제한의 위헌성

첫째, 헌법재판소는 개인의 핵심적 자유영역(생명권, 신체의 자유, 직업선택의 자유 등)을 침해하는 법률의 경우는 입법자가 입법목적의 달성을 입증할 책임을 진다고 본다.

1) in dubio pro libertate 원칙과 늦은 대금결제의 형사처벌의 위헌성　따라서 입법목적의 달성에 대한 합리적 의문이 남는다면, 개인의 자유를 제한하는 법률을 제정해서는 안 된다. 이를 나는 (비례성원칙에서 도출되는) '의심스러울 때에는 시민의 자유이익으로'(in dubio pro libertate)-원칙7)이라고 부른 바 있다. 이 원칙에 따르면 의약품대금지급의 지연행위를 형사처벌하는 조항은 개정안을 통해 앞의 두 가지 목적의 달성이 '확실한 것'으로 입증된 경우에만 최소침해원칙 또는 과잉금지원칙에

---

7) 이 원칙을 형법의 비례성이 요구하는 원칙으로 이해하는 이상돈, *형법의 근대성과 대화이론*, 홍문사, 1994, 82쪽 아래.

위배되지 않을 수 있게 된다. 이런 입증은 뒤에서
설명하겠지만, 불가능하다. 따라서 의료법 개정안
의 형사처벌조항(의료법 개정안 제23조의2 제3항 및
제88조의2 제1항, 제2항)은 이미 위헌적이라고 확정
할 수 있다.

   2) 법익보호원칙과 늦은 대금결제의 형사처벌의
위헌성   이에 덧붙여야 할 점이 있다. 앞에서 살펴
본 바와 같이 의약품 대금의 늦은 결제행위의 실질
은 형사불법이 될 만한 불법의 유형(Unrechtstypus)
을 갖고 있지 않다는 점이다. 그것은 아무리 부정적
으로 바라보아도 단지 채무불이행의 불법유형을 갖
고 있을 뿐이다. 그러므로 형사처벌조항은 —사건
으로는 헌법 제10조 제2문("국가는 개인이 가지는 불
가침의 기본적 인권을 확인하고 이를 보장할 의무를 진
다")에서 도출되는— 형법상 법익보호원칙(Rechts-
güterschutzprinzip)에 위배된다고 볼 수 있다. 형법
상 법익보호원칙은 과잉금지원칙(헌법 제37조 제2
항)에 의한 위헌판단보다 더 앞서서 의료법 개정안
의 형사처벌조항을 위헌적인 것으로 판단할 수 있
게 한다.

(2) 경제규제법영역과 광범위한 입법재량권

   헌법재판소는 경제적 활동을 규제하는 법률에
대해 그 입법목적의 달성에 대한 입법자의 예측판
단이나 평가가 명백히 반박될 수 있거나 현저하게

잘못된 경우에만 최소침해원칙에 위배된다고 본다. 의약품공급계약에서 당사자들이 대금결제시기를 협의하여 정하는 행위는 의료인들의 직업'선택'의 자유가 아니라 직업'행사'의 자유에 속하는 것일 뿐이다. 여기서 대금결제기한을 법률로 제한하는 것은 헌법재판소가 말하는 '경제규제영역'에 속하는 것임을 알 수 있다. 따라서 입법자는 대금결제기한을 정하는 입법을 함에 있어 광범위한 형성권을 누리며, 오직 입법목적의 달성에 대한 입법자의 예측과 평가가 명백히 반박되거나 또는 현저히 잘못된 경우에만 최소침해원칙에 위배되어 위헌법률이 될 수 있다.

1) 의약품 판매자 불이익 제거의 목적(②의 목적)

생각건대 ②의 목적달성에 대한 예측은 '반박'되기가 어려울 것으로 보인다. 하지만 ②의 목적달성에 대한 '평가'는 일단 ―앞에서 분석한 바와 같이 공정거래법적 제한이 합당한 경우가 아니라는 점에서― '잘못된 평가'에 서 있다고 볼 수 있다. 이 잘못된 평가가 '현저하게 잘못된 평가'인지가 문제로 남는다. 개정안은 의료기관의 늦은 대금결제가 '우월적 지위의 남용'이라는 판단을 전제하고 있는데, 이는 공정거래법의 법리에 대한 근본적인 이해의 결핍에서 비롯된 것이라는 점8)에서 매우 잘못된 판단이며, 헌법재판소가 말하는 "현저하게 잘못"된 평가

---

8) 이 점에 대한 자세한 분석으로 앞의 [3] Ⅱ. 참조.

에 해당한다고 본다.

2) 의약품공급계약의 사적 자율을 통한 공존(①의 목적)   ①의 목적달성에 대한 예측과 평가는 명백하게 반박할 수 있거나 현저하게 잘못된 평가에 서 있다고 본다. 그 이유는 첫째, 의약품 대금결제의 기한을 가령 단기로 강제할 경우에 많은 병원들이 도산위기에 처할 것이기 때문이다.

> 대한병원협회의 자료에 의하면 대금결제기한을 4 개월로 할 경우에 2012년 기준으로 연간 의약품 구입금액이 30억원 이상인 대형병원 200개소를 대상으로 조사한 결과 그 중 131개 병원(약 65.5%)9)이 새롭게 추가적인 재정부담을 안게 됨으로써 만성적인 재정적자를 더욱 가중시킬 것이며, 2011년 기준지방 소재 15개 종합병원 가운데 10개가 적자병원이며, 연평균손실액이 18억원인데, 4개월 이내 결제를 강제한다면 1개 병원당 즉시 필요자금이 29억원에 이를 것으로 추산10)되고 있다.

둘째, 더 중요한 이유는 만성적인 재정적자에 시달리는 병원들의 자금상황이 (수익률을 기준으로 보면) 의약품 판매자인 제약회사보다는 현저히 나쁘고, 의약품 도매상과는 엇비슷하거나 다소 나쁘

---

9) 대한병원협회, 약품비 조기지급 법제화 경과 및 현황 보고 (2014.1.15.) 자료에서 인용함.
10) 대한병원협회, 약품비 조기지급 법제화 경과 및 현황 보고 (2014.1.15.) 자료에서 인용함.

다는 점에 대한 평가와 고려가 없다는 점이다. 이렇
게 볼 때, 현재 논의 중인 의료법 및 약사법 개정안
은 헌법재판소의 입장에 따르면 이미 위헌적인 법
률(안)이라고 보아야 한다.

[5] 대안 : 유도와 조정의 법정책

헌법재판소의 입장에서 바라볼 때 위헌적으로 판단되는 의료법과 약사법 개정안의 문제점은 의약품공급계약에서 늦은 대금지급이 갖는 '개별사안에서의 부정의함'을 해결하기 위해 규제와 처벌 중심의 법제를 취했다는 점에 있다. 규제와 처벌 중심의 법적 통제는 의약품공급계약의 사적 자율이 갖는 장점(병원과 의약품 판매자의 상생관계)을 죽이기 쉽다. 또한 그런 법안은 마치 제약회사나 도매상이 하도급계약의 수급인 지위에 있는 것처럼 가정함으로써 자칫 계약의 한쪽 당사자의 이익을 당파적으로 보호하는[1] 법안이 되기 쉽다. 그런 법안은 과잉금

---

1) 이런 분석으로 IPS 산업정책연구원, *의약품 유통구조 합리화 방안 연구*(대한병원협회 연구용역보고서), 2013, 88쪽 아래 참조.

지원칙에 위배되는 위헌적인 법안이라는 혐의를 벗어날 수 없다.

I. 사회적 시장경제질서와 국가의 책무

그러므로 이제 남는 문제는 의료기관과 의약품 판매자 사이의 의약품공급계약관계가 사적 자율에 의해 형성되도록 할 경우에 개별거래관계에 따라 발생할 수 있는 '너무 늦은 지급기일'로 인한 의약품 판매자의 재정적 불리를 국가는 어떤 방식으로 도와야 하는 것인가 하는 점이다.

1. 사회적 시장경제질서의 요청과 국가의 역할 필요성

이 문제는 의약품 대금의 늦은 결제라는 문제의 해결을 위해 지급기한을 강제하는 법이 과잉금지원칙에 위배되지 않는다고 판단하는 경우에도 여전히 남는 문제이다. 왜냐하면 헌법재판소가 인정하는 바와 같이 우리나라 헌법의 '사회적 시장경제질서'가 그와 같은 문제에 대한 국가의 역할을 요구하고 있기 때문이다. 그러면 사회적 시장경제질서는 의약품공급계약의 현실로서 늦은 대금결제의 문제에 어떤 대응을 요구하는 것일까? 헌법재판소는 사적 자치와 공공복리의 추구 사이의 관계에 대해 다음과 같이 논증하고 있다.

"물론 우리 헌법의 경제질서는 자유시장 경제질서를 기본으로 하면서도 이에 수반되는 갖가지 모순을 제거하고 사회복지·사회정의를 실현하기 위하여 국가적 규제와 조정을 용인하는 사회적 시장경제질서로서의 성격도 함께 가지고 있다. 그러나 헌법상의 복지국가이념을 실천하기 위하여 사적 영역에 개입하는 것이 필요하다고 하더라도, 자유주의적 시장경제질서를 근간으로 하고 있는 우리 헌법질서 아래에서는 국가는 **우선 사적 자치 영역에서 그러한 공공복리의 목적수행이 가능하도록 조장하고, 그것이 여의치 않을 때에만 실질적 법치주의 한계 내에서 개입**하는 것이 타당하다"(헌재 1995.11. 30. 94헌가2 결정).

2. 자유와 규제(·처벌) 사이에 있는 (유도·)조정

이 입장을 풀어 설명하면 3가지 명제가 만들어진다.

(1) 사적 자치를 통한 공공복리의 목적달성

첫째, 사적 자치를 통해 공공복리의 목적을 충분히 수행할 수 있으면, 사적 자치에 대한 어떤 법적 제한도 요구되지도 않고 또한 정당화될 수도 없다. 이 경우는 사적 자치는 완전한 모습으로 유지되며, 진정한 의미에서 '사적 자율'(private autonomy)이라고 부를 만하다.

(2) 사적 자치의 제한(법적 규제와 처벌)을 통한 공공복리의 목적달성

둘째, 사적 자치를 제한하지 않고서는 공공복리의 목적을 수행할 수 없는 경우에 사적 자치는 "실질적 법치국가의 한계 내에서", 즉 목적(공공복리)과 수단(사적 자치의 제한)이 비례적인 범위 내에서 제한될 수 있다. 헌법재판소가 "실질적 법치국가의 한계 내에서 개입"한다는 것은 이렇듯 사적 자치를 비례적으로 제한하는 법적 규제와 처벌을 의미한다.

(3) 사적 자치의 완전한 보장과 제한 사이에 있는 유도와 조정

셋째, 첫 번째 경우와 두 번째 경우 이 둘 사이에(inbetween) 제3의 경우가 존재한다. 즉 사적 자치의 완전한 보장만으로는 공공복리의 목적을 실현하기는 어렵지만, 공공복리의 목적 달성을 위한 법적 규제와 처벌에 의한 사적 자치의 제한이 비례적인 수단이 되지도 못하는 그런 경우가 위치할 수 있다.

1) **국가적 조정의 과제**　이런 경우에는 사적 자치를 가능한 한 제한하지 않으면서, 사적 자치를 통해 공공복리의 목적달성이 원활할 수 있도록 국가는 유도와 조정의 역할을 수행하여야 한다. 이 점을 헌법재판소는 "사적 자치 영역에서 그러한 공공복리의 목적수행이 가능하도록 조장"한다고 표현하고 있다. 이때 조장은 "국가적 조정"을 의미한다. 더 정확히는 국가의 '유도와 조정'이라고 할 수 있다.

2) 사익과 공익을 조화시키는 방법으로서 유도와 **조정**　규제와 처벌보다 '덜 간섭적인' 방법인 유도와 조정의 방법으로 사적 자치를 최대한 존중하면서도 공공복리의 목적을 달성하는 것은 요양급여비용계약제에 관하여 헌법재판소가 한 다음과 같은 논증, 즉 사익과 공익 사이의 '적절한 조화'를 이루는 것이기도 하다.

> "요양급여비용의 지급제도는 한편으로는 요양급여를 시행한 의료기관에 대하여 그 대가를 지급하는 것이라는 측면에서 **사적 성격**을 가지고 있으나, 다른 한편으로는 동 비용은 요양기관의 업무량과 투여자원 및 위험도 등을 고려하여 각 요양급여별로 공평하게 산정·지급되어야 할 뿐만 아니라 **보험재정의 상태와 국민의 부담규모도 고려되어야 하는 측면에서 공익적 성격도 강하다.** …(중략)… 의약계가 원하는 요양급여비용의 현실화를 충분히 반영할 수 있는 기회가 될 수 있도록 하되 건강보험제도의

공익적 성격이 충분히 반영되는 수준에서 **적절한 조화**를 이루는 내용이 되어야 할 것이"다(헌재 2003.12.18, 2001헌마543 결정).

3. 의약품공급계약의 자율을 통한 공공복리의 목적달성

의약품공급계약의 자유를 제한한다고 할 때 그 목적인 '공공복리'는 ① 재정적 어려움을 겪는 요양기관과 민간회사인 제약회사나 도매상들이 모두 공존하고 발전(상생관계)하면서도 ② 보험재정의 건전성을 해하지 않는 것이라고 볼 수 있다. 그러나 대금결제의 시기는 보험재정의 건전성과 직접 관련이 없으므로, 요양기관과 의약품 판매자의 공존적 발전만이 공공복리의 구체화된 목적이라고 할 수 있다. 그런 공존적 발전이 있을 때 건강보험에 대한 시민의 이익은 거시적으로 증대되기 때문이다.

(1) 규제와 처벌에서 유도와 조정으로

여기서 의약품공급계약의 자율적 형성의 결과로 항상화되고 있는 늦은 대금결제는 기본적으로 병원과 의약품 판매자의 공존을 도모하는 윈-윈 전략으로 기능한다는 점에서 그 계약의 자유를 제한하는 법적 규제와 처벌은 실질적 법치국가의 한계를 넘어선다. 이 점은 앞([4] IV.)에서 검토한 바와

같다. 만일 의약품공급계약의 자율적 형성의 결과
로서 의약품 판매자가 좀 더 많은 불이익만 감수해
야 하고, 또한 회사 자체의 경영실패 때문이 아니라
바로 대금의 늦은 결제로 인해 '간과할 수 없는 수'
의 개별 의약품 판매자들이 도산의 위기에 처하는
현실이 벌어지고 있다면, 국가는 의약품공급계약의
완전한 자유를 방관만 할 수는 없다. 바로 이 지점
에서 국가는 의약품공급계약의 자유를 제한하고 통
제하는 것(규제와 처벌)이 아니라 유도와 조정의 역
할을 통해 의약품공급계약의 자유가 요양기관과 제
약회사 등의 공존적 발전이라는 공공복리의 목적을
달성하는 데 순기능을 발휘하도록 할 의무가 있다.

(2) 쌍방향의 유도와 조정

   이러한 유도와 조정은 요양기관뿐만 아니라 제
약회사와 도매상에 대해서도 필요하다. 첫째, 국가
는 제약회사에게도 '경영합리화'(및 신약개발을 위한
R&D 촉진)를 조장하면서, 다른 한편, 제약회사의 경
영합리화로도 극복하기 어려운 재정적 어려움을 초
래하는 의약품 대금의 지나치게 늦은 결제를 개선
하도록 요양기관을 유도하여야 한다. 둘째, 그러나
이때 대금결제의 조기집행에 대한 유도는 무조건적
인 것이 아니라 의약품 판매자의 경영상태를 고려
한 것이어야 하고, 재정적자 등의 위기상황이 있는
경우에도 경영합리화로 극복할 수 있는 재정적 위

기와 대금결제의 조기집행을 통해서만 비로소 극복
할 수 있는 재정적 위기를 구분하고 이를 고려한 것
이어야 한다.

II. 사회보장적 의료체계 속의 의약품 판매자

1. 건강보험법적 관계가 아닌 사회보장적 의료 체계 속의 의약품 공급자

이와 같은 국가의 유도와 조정의 역할은 단지
사회적 시장경제질서의 원리로부터만 요구되는 것
은 아니다. 국민건강보험법은 이미 의약품 공급자
에 대하여 건강보험재정의 건전화라는 목적달성을
위해 몇 가지 규제와 처벌의 법정책을 실행하고 있
다. 하지만 제약회사 등이 사회보장적 의료보험인
국민건강보험의 '보험법적 관계'에 들어가 있는 것
은 아니다. 왜냐하면 의약품 판매자는 국민건강보
험법상 요양기관이 아니며, 사회법적인 (사회보험자
-요양기관-가입자를 당사자로 삼는) 삼면관계의 요양
계약관계(요양기관관계, 요양급여비용계약관계, 요양
급여가입관계)에 들어가 있지 않기 때문이다. 그러
나 요양계약관계에 들어가 있지 않은 상태이면서도
의약품 판매자는 사회보장적 의료체계(건강보험체

계)에 속해 있다고 말할 수 있다. 첫째, 사회학적인 차원에서 의약품 판매자(제약회사, 도매상) 없이 요양급여가 가능하지 않고, 둘째, 의약품 공급자들이 좋은 의약품을 싸게 생산·판매하는 경우에 국민건강보험은 요양급여의 수준 측면에서뿐만 아니라 재정건전성의 측면에서도 더욱 발전할 수 있다는 점에서 그러하다.

2. 사회보장적 의료체계의 유지를 위한 현행법상의 규제와 처벌

이처럼 의약품 판매자가 사회학적 의미의 사회보장적 의료체계에 속해 있다는 점은 국민건강보험법이나 약사법 등의 법제에서도 발견된다. 현행 국민건강보험법과 약사법은 사회보장적 의료보험체계의 재정건전성을 해하는 행위를 차단하기 위해 부당손실행위를 하지 않을 의무(국민건강보험법 제101조 제1항), 이 의무위반의 조사를 수인할 의무(제101조 제2항), 의약품공급 통보의무(약사법 제47조의2) 등을 부여하고 있다. 반면 국민건강보험 요양급여의 기준에 관한 규칙(보건복지부령)은 의약관련 단체나 치료재료의 제조·수입업자, 약제의 제조·수입업자는 요양급여대상 여부의 결정을 보건복지부장관에게 신청할 권리를 인정하고 있다(제10조의2 제1항). 이런 법제도는 의약품 판매자가 비록 요양계약관계나 건강보험법적 관계에 들어와 있지는 않지만, 의약품 판매자를 사회보장적 의료보험체계 안으로 편입시키는 것이라고 할 수 있다. 이런 법제도에서 인정하는 국가의 의무, 즉 사회보장적 의료보험체계의 유지·발전을 도모할 의무와 의약품 판매자들이 개별거래관계에서 협상력의 부족 등으로 인해 실질적인 불리를 일방적으로 감수하고, 그에 따라 재정적 위기에 처하게 되는 일이 발생하는 경우에 그런 의약품 판매자들을 보호할 국가의 의무는 서로 정합적이다.

3. 현행 규제법제의 문제점

그런데 제약회사 등의 의약품 공급자와 공단의 관계를 정하고 있는 현행 법제는 두 가지 특징을 갖고 있다.

(1) 권리와 의무의 비대칭성

① 첫째, 의약품 공급자에게 권리의 부여보다 의무의 부과가 더 많다는 점이다. 즉 권리와 의무가 '비대칭적으로'(asymmetrically) 분배되고 있다. 권리와 의무의 분배가 대칭성을 이루어야 한다는 것은 이성법의 내재된 정의의 요청이다.[2] 의약품공급계

---

2) 권리와 의무의 대칭성은 법미학(legal aesthetics)의 관점에서도 요구되는 정의의 요청이다. 이는 포스트모던 (법의) 시

약이라는 사적 계약에 사회적 시장경제의 원리에
의해 국가가 개입하는 경우에도 그 개입은 관련당
사자들에게 부과되는 의무에 상응하는 권리를 부여
하는 방식으로 이루어질 사적 자율을 최소한으로
침해하게 된다. 이런 점에서 볼 때 현행 국민건강보
험법상 공단이 의약품 공급자에게 규제를 가하면서
부여하는 권리가 매우 빈약한 비대칭성을 권리보장
의 측면을 좀 더 강화함으로써 교정될 필요가 있다.

아래에서 대안으로 제시하는 의약품 대금결제
의 과도한 지체에 대한 행정지도 신청권은 이런 이
유에서도 정당화될 수 있다.

근거 조항	권 리	의 무	근거 조항
▶ 국민 건강보험 요양급여 의기준에 관한 규칙 (보건복지 부령) 제10조 제1항 제10조의2	의약품 공급 자의 요양급 여 대상여부결 정에 대한 신 청권 요양기관뿐 만 아니라 의약관련 단 체나 치료재 료의 제조·	의약품 공급자의 부당손실 행위 금지와 보건복지부의 조사 수인의무 국민건강보 험법은 ① 의약품 판매자(공 급자)들이 요양기관이 부당하 게 요양급여비용을 가입자 등에게 부담지우는 행위에 개 입하거나 거짓자료를 제출하 여 약제·치료재료의 상한가 격이나 판매가격을 높이는	◀ 국민 건강 보험법 제98조 제1항 1호 제101조 제1항, 제2항

대에도 관철되는 정의의 요청이기도 하다. 이 점에 관해서
는 이상돈, *법미학*, 법문사, 2008, 113쪽 아래 참조. 국민건
강보험법이 의약품 공급자를 규제하면 흠결하고 있는 권리
와의 비대칭성은 법률텍스트의 양적 차이에서도 쉽게 볼 수
있다. 그런 점에서 국민건강보험법은 의약품 공급자에 대한
규제에서 '외향적 대칭성'(extrinsic symmetry)을 흠결하고
있다고 말할 수 있다.

	수입업자, 약제의 제조·수입업자는 요양급여대상 여부의 결정을 보건복지부장관에게 신청할 수 있도록 하고 있다.	등 속임수나 기타 부당한 방법으로 건강보험재정에 손실을 주는 행위를 금지하고 있고, ② 이 금지를 위반한 사실이 있는지 여부를 확인하기 위해 보건복지부장관은 의약품 제조업자 등에게 관련 서류의 제출을 명하거나, 소속 공무원(주로 심사평가원)이 관계자 질문, 관계서류 검사 등의 필요한 조사를 하게 할 수 있다.	
제1항			
		의약품 공급 내역의 보고의무 건강보험심사평가원 내에는 현재 의약품관리종합정보센터가 설치되어 의약품의 생산·수입·공급 및 사용내역 등 의약품 유통정보를 관리하고 있으며, 의약품공급자는 이 센터에 의약품 공급내역을 제출하여야 한다. 완제의약품의 공급내역 보고는 전산매체에 수록하거나 정보통신망을 이용하여 매월 다음 달 말일까지 보고해야 한다.	◀ 약사법 제32조의2, 제47조의2, ◀ 약사법 시행규칙 제45조

▶ 국민건강보험법 (개정)	★ 보완입법(사견) 의약품 대금결제의 과도한 지체에 대한 행정지도 신청권 및 공단의 대금결제 유도와 조정의 권한

권리와 의무의 대칭성 실현

(2) 법제의 체계적 오류

공단과 의약품 판매자 사이의 관계를 정하는 이와 같은 법제는 사회보장적 의료보험체계를 구축하는 국민건강보험법에 마련하는 것이 적절하다. 왜냐하면 의료법은 (가령 사회보장적 의료보험이 확립되지 않은 국가에서도 필요하고, 존재하는) 의료생활관계의 기본법이고, 약사법은 의약생활관계의 기본법이기 때문이다. 그러므로 의약품공급계약의 대금결제기한을 정하는 법을 제정하는 경우에도 그 법을 약사법이나 의료법으로 하는 것은 법체계적으로 오류를 범하는 것이다. 의약품공급계약의 자유를 제한하는 입법을 하는 경우뿐만 아니라 그 자유가 남용되지 않도록 유도하고 조정하는 정부의 역할을 법제화하는 경우에 그 법은 국민건강보험법이 되어야 한다.

III. 유도와 조정의 법정책의 구체적 기획

그러면 의약품 판매자에 대한 규제와 처벌의 편중성을 극복하면서 의약품공급계약의 진정한 사적 자율을 구현하는 정부의 유도와 조정의 법제는 구체적으로 어떤 모습을 띠어야 하는 것일까?

1. 공적 자율

여기서 주목해야 하는 점은 헌법재판소가 헌재 2003.12.18, 2001헌마543 결정에서 말한 요양급여 비용 계약의 '사적 성격과 공익적 성격의 조화'의 또 다른 의미이다.

(1) 대화적 소통

즉, 사익과 공익의 조화는 건강보험이 사회보장적 의료체계로 짜이면서도, 그 구성과 운영을 가능한 최대로 관련 당사자(집단) 사이의 대화적 의사소통에 의존하게 만들 때 가장 잘 실현될 수 있다는 점이다. 다시 말해 국민건강보험법제가 구축하는 의료체계는 의료의 공공성과 사회보장성이라는 목적을 지향하지만 동시에 그 체계의 구성과 운영이 가능한 한 최대한 체계참여자들 사이의 소통적인 상호작용에 의해 이루어지게 하여야 한다. 이를 두고 사적 자율에 대응하여 사회보장적 의료체계 또는 건강보험체계의 공적 자율(öffentliche Autonomie)이라고 부를 수 있다.[3]

---

3) 이에 관해 자세히는 이상돈, *의료체계와 법*(고려대출판부, 2005), 88쪽 아래 참조.

(2) 요양급여비용계약과 의약품공급계약의 차이에 따른 자율이념의 차등

요양급여비용계약제(수가계약제)는 그런 공적 자율을 기획하는 대표적인 제도[4]의 하나이다. 물론 요양기관을 계약으로 정하지 않고 모든 의료기관이 당연히 요양기관으로 편입되고 있으며,[5] 전국민의 의료보험가입이 강제되어 있는 점[6]에서 공적 자율의 외연은 매우 좁아져 있다. 이처럼 요양급여비용계약제는 사회보험법적 관계 내에서만 적용되는 제도이므로 사회보장적 의료보험체계의 유지를 위해 어느 정도 공적 자율도 제한될 여지가 없는 것은 아니다. 그러나 의약품공급계약은 사회보험법적 관계가 없는 구매자와 판매자 사이의 사적 계약이 기본을 이루기 때문에 사회보장의료보험의 기능을 원활하게 하려는 목적을 달성하기 위한 국가의 개입은

---

4) 요양급여비용계약제에 관한 이런 이해로 이상돈, *수가계약제의 이론과 현실*(세창출판사, 2009), 특히 26-27쪽 참조.
5) 예외 없는 요양기관강제지정제를 합헌으로 본 헌재 2002. 10.31. 99헌바76 결정 참조.
6) 이를 합헌으로 본 헌재 2013.7.25. 2010헌바51 결정; 헌재 2003.10.30. 2000헌마801 결정("행복추구권으로부터 파생하는 일반적 행동의 자유의 하나인 공법상의 단체에 강제로 가입하지 아니할 자유와 정당한 사유 없는 금전의 납부를 강제당하지 않을 재산권에 대한 제한이 되지만, 이러한 제한은 정당한 국가목적을 달성하기 위하여 부득이한 것이고, 가입강제와 보험료의 차등부과로 인하여 달성되는 공익은 그로 인하여 침해되는 사익에 비하여 월등히 크다고 할 수 있으므로, 위의 조항들이 헌법상의 행복추구권이나 재산권을 침해한다고 볼 수 없다") 참조.

여전히 대화적 소통의 방식으로 이루어져야 마땅하
다.

2. 행정지도

그러므로 만일 상당한 재정흑자를 올리면서,
의약품대금 지급능력이 충분한 대형종합병원이 의
약품 판매자에게 더 강한 협상력을 바탕으로 지급
기한을 지나치게 늦게 설정하는 경우에도 국가는
그 요양기관에 대하여 대금의 조기결제를 권고하는
행정지도만을 할 수 있다고 보아야 한다. 행정지도
는 강제력이 없지만, 공단의 다양한 조사권한이나
심사평가원의 심사평가상의 불이익에 대한 요양기
관의 두려움을 배경으로 충분히 실효적인 조치가
될 수 있다.

(1) 절차적 요건

다만 이런 행정지도도 의약품공급계약의 사적
자율을 과도하게 침해하지 않아야 한다. 이를 위해
국민건강보험공단은 행정지도를 적극적으로 선제
적으로 행하는 것이 아니라, 계약당사자 일방의 신
고나 요양기관 내부자의 고발과 같은 단서에 의해
시작되어야 한다. 아울러 요양기관에게 충분한 해
명의 기회(청문권)를 보장하는 절차를 진행한 후에
나 비로소 가능하다고 보아야 한다.

(2) 실체적 요건

또한 대금의 조기결제에 대한 행정지도는 요양기관의 재정상태, 의약품공급계약의 계속적 이행 상황, 의약품 판매자의 재정상태의 정도 등 다양한 요소를 종합적으로 고려하여 부득이한 경우에만 행해져야 한다. 예컨대 비영리법인임에도 불구하고 거대한 재정흑자 또는 높은 수익률을 올리거나 당해의약품의 수요시장 점유율이 높은 의료기관일수록대금지급을 가능한 조기에 하도록 행정지도를 한다. 다만 사견으로는 (제약회사의 평균수익률 10.3%의 절반에 못 미치는) 5% 이상의 수익률을 올리지 못하는 의료기관에 대해서는 행정지도의 실체적 요건도 충족되지 않는다고 본다.

3. 자율협약의 체결과 준수의 유도

규제가 아닌 유도의 행정은 의약품공급계약의 당사자들이 속한 사업자단체(예: 병원협회, 의사협회, 대한약사회, 한국제약협회, 한국의약품도매협회)들이 의약품 대금지급 기한에 관한 자율협약을 체결하도록 하는 방안도 포함할 수 있다. 자율협약의 내용은 당해 사업자단체들이 형성해야 함은 물론이고, 그 협약의 불이행에 대한 국가의 대응도 규제나 처벌이 아니라 ─물론 협약을 이행할 수 없게 만든 사정변경이 예측할 수 없었던 경우에 한하여─ 새로운 협약의 체결을 유도[7]하는 행정지도에 의하여야 한다.

4. 의약품 대금결제와 관련한 국민건강보험법 개정(안)의 예시

지금까지 설명한 의약품 대금의 지나치게 늦은 결제에 대한 정부(공단)의 유도와 조정에 관한 근거 규정을 국민건강보험법에 추가하는 법안은 다음과 같이 만들 수 있다.

국민건강보험법 제101조의2(약제 · 치료재료의 대금결제에 대한 관리지도) ① 「약사법」에 따른 의약품의 제조업자 · 위탁제조판매업자 · 수입자 · 판매업자 및 「의료기기법」에 따른 의료기기 제조업자 · 수입업자 · 수리업자 · 판매업자 · 임대업자(이하 "제조업자 등"이라 한다)는 약제 · 치료재료를 공급한 요양기관이 공단으로부터 그 요양급여비용을 지급받고서도 약제 · 치료재료 공급계약상 지급기일을 반복적으로 도과하거나 그 지급기일이 거래상 통상적인 기한보다 지나치게 늦게 정해진 경우에는 보건복지부령이 정하는 바에 따라 보건복지부장관

---

7) 민법상 사정변경원칙에 대한 사적 자치의 예외를 이와 유사한 재협상을 유도하는 것으로 보는 견해로 이중기, "사정변경에 대한 사적자치와 법원의 역할: 재협상 유도를 위한 법원의 계약보충의무", *比較私法* 제20권 제2호, 2013, 407-432쪽 참조.

에게 요양기관에 대한 관리지도를 신청할 수 있다.

② 제1항의 제조업자 등을 대표하는 사람들과 제45
조의 의약계를 대표하는 사람들이 자율적으로 맺은
지급기한의 협약이 있는 경우에는 이를 제1항의 거
래상 통상적인 기한으로 본다. 다만 그 협약이 체결
될 당시에 예견할 수 없었던 사정으로 인하여 더 이
상 준수할 것을 기대하기 어려운 경우에 보건복지
부장관은 협약의 당사자들에게 그 협약내용의 변경
을 권고할 수 있다.

③ 보건복지부장관은 제1항의 관리지도사유가 있
는지 여부를 확인하기 위하여 제1항의 신청을 한 제
조업자 등과 해당 요양기관에게 약제·치료재료의
대금결제에 관한 자료의 제출을 명하거나, 소속 공
무원으로 하여금 필요한 조사를 하게 할 수 있다.

④ 보건복지부장관은 제3항의 조사와 관련하여 요
양기관에게 약제·치료재료의 대금결제가 늦어지
는 이유에 관하여 소명할 기회를 부여하여야 한다.

⑤ 보건복지부장관은 제1항의 신청이 이유가 있다
고 판단하는 경우에는 제1항의 신청을 한 제조업자
등과 해당 요양기관의 재정상황, 자금회전의 상황
등 약제·치료재료의 대금결제에 관련한 여러 사정
을 종합적으로 고려하여 관리지도 여부를 결정하여
야 한다.

⑥ 제5항의 관리지도로서 보건복지부장관은 해당 요
양기관을 약제·치료재료의 대금결제에 관한 관리
대상으로 지정하고, 해당 요양기관에게 향후 약제·
치료재료의 대금결제기한을 앞당기기 위한 계획서
를 제출하게 하며, 매년 그 이행여부를 점검한다.

⑦ 보건복지부장관은 요양기관이 제6항에 따라 제출한 계획을 이행하지 않는 경우에는 그 요양기관의 명칭·주소 및 대표자 성명, 약제·치료재료의 대금결제의 지나친 지연에 관한 사항 등 보건복지부령으로 정하는 사항을 공표할 수 있다.

제119조(과태료) ④ 다음 각 호의 어느 하나에 해당하는 자에게는 100만원 이하의 과태료를 부과한다.

  3. 정당한 사유 없이 제94조 제1항·제2항, 제97조 제1항·제3항·제4항, <u>(또는 삭제)</u> 제101조 제2항 또는 <u>제101조의2 제3항·제6항</u>을 위반하여 서류제출·의견진술·신고 또는 보고를 하지 아니한 자, 거짓으로 진술·신고 또는 보고를 하거나 조사 또는 검사를 거부·방해·기피한 자

[6] 결론요약

I. 늦은 대금 결제는 상생(相生)을 위한 것임

1. 의료기관의 어려운 재정상황(병원의 평균 의료수익률 -0.9%, 제약회사의 평균 영업이익률은 7~8%, 도매상의 평균 영업이익률은 1% 내외)에서 볼 때 늦은 대금결제는 '하도급인'이 수급인에게, 주택임대인이 임차인에게 하기 쉬운 우월적 힘의 남용이 아니라 생존의 방법이다.

2. 재정적자의 위험에 직면해 있는 병원의 경영진이 의약품 대금결제를 '합의로' 가급적 늦게 설정할 수 있는데도 이를 하지 않는 행위(부작위)는 "객관적으로 보아 취득할 것이 충분히 기대되는데도 임무위배행위로 말미암아 이익을 얻지 못한 경우"(대법원 2008.5.15. 선고 2005도7911 판결 등), 즉

소극적 손해를 발생시키는 업무상 배임죄(형법 제356조)에 해당한다. 즉 어려운 재정상태에 있는 병원의 늦은 대금결제는 형법(배임죄)상 의무이다.

3. 국민건강보험법은 후불진료('외상진료')와 그에 따른 의약품의 후불구매('외상구매')를 예정하고 있다. 이 결제체계에서 계속적 물품공급계약인 의약품공급계약의 대금결제가 '전'(前) (또는 더 이전의) 회의 공급분에 대해 이루어지는 것은 건강보험법상 구조적으로 정상적인 것이다.

II. 늦은 대금결제는 사적 자치의 한계를 벗어난 것이 아님

4. 사적 자치(private autonomy)는 당사자가 '자유로이' 체결한 계약을 국가가 합당한 이익조정으로 추정하고, 그 이익조정을 존중하는 것을 의미한다(독일연방헌법재판소 BVerfGE 103, 89 100 참조).

5. 대금결제기일의 늦은 시기에 대한 합의(계약)는 (재정적자에 시달리는) 병원과 의약품 판매자의 상생(相生), 즉 합당한 이익조정을 가능하게 하는 기제이다.

6. 따라서 재정상황이 안 좋은 병원들과 의약품 판매자 사이에 대금결제를 늦은 시기로 조정하는 계약의 실태는 사적 자치의 본질적 내용에 해당

한다.

III. 약사법 및 의료법 개정안의 위헌성

7. 재정적자의 위험에 직면한 병원의 경영진은 의약품 대금결제를 협상(계약적 조정)을 통해 최대한 늦게 함으로써 유동성을 확보해야 할 형법(배임죄)상 의무(적극적 재산관리의무)가 인정되므로, 대금결제기한을 6개월 이내로 제한하는 약사법개정안은 이 형법상 도덕적 의무와 배치되는 것이며, 이는 법의 정합성(coherence)을 심각하게 상실시킨다. 따라서 약사법개정안은 정합성을 내용으로 하는 법치국가의 원리에 위배된다.

8. 헌법재판소는 국민건강보험법상 부당이득반환청구제도(제57조)에 의한 사적 자치원칙의 제한을 합헌으로 본 헌재 2011.6.30. 2010헌바375 결정을 '반대해석'(逆推論)하면, 의약품공급계약에서 (공단이 의약품 대금을 판매자에게 직접 지급하는 식의 '삼면'관계의) 사회보험법적 관계가 성립하지 않는 한, 사적 자치는 제한될 수 없는 것이 된다. 이 점에서 약사법 개정안은 위헌이다.

9. 높은 수익률을 올리는 제약회사에 비해 만성적인 재정적자에 시달리는 병원이 합의에 의해 대금을 늦게 결제함으로써 유동성을 확보하는 것은

"개별 재산권이 갖는 자유보장적 기능, 즉 국민 개개인의 자유실현의 물질적 바탕이 되는 정도가 강한 경우"(헌재 2005.5.26. 2004헌가10 결정)에 해당한다. 이 점에서도 약사법 개정안은 위헌적인 것이다.

10. 의약품공급계약의 (대금결제기한에 관한) 자유를 제한할 수 있다고 보더라도, 법정기한을 도과한 행위를 형사처벌하는 의료법 개정안(제23조의2 제3항, 제88조의2 제1항)은 "개인의 핵심적 자유영역(생명권, 신체의 자유, 직업선택의 자유 등)을 침해하는"(헌재 2002.10.31. 99헌바76 결정) 것이므로 위헌이 된다.

11. 대금결제기한을 강제하는 약사법 개정안은 "경제활동을 규제하는 사회·경제정책적 법률"(헌재 2002.10.31. 99헌바76 결정)에 해당하여 입법자는 광범위한 형성권을 누릴 수 있지만, 입법목적의 달성에 대한 입법자의 예측과 평가가 명백히 반박되거나 또는 현저히 잘못된 경우에 해당하여 위헌적이다. 왜냐하면 대금결제기한의 강제로 많은 병원들이 도산할 위험에 처함이 명백하며, 병원이 우월적 지위의 힘을 남용한다는 평가도 ―예컨대 처방권의 남용이란 불법리베이트로 나타나는 반도덕적 행동이지 독점규제법적 통제가 필요한 시장지배력이나 시장영향력과는 무관하며, 불법리베이트와 같이 배임수재의 불법을 갖는 행위가 아니라는 점에서― 현저히 잘못된 평가이기 때문이다. 따라서

대금결제기한을 강제하는 약사법 개정안은 헌법재
판소가 설시한 최소침해원칙에 위배된다.

　12. 대금결제시기의 계약적 조정은 요양기관
과 의약품 판매자가 상생할 수 있게 하고, 이 상생
은 건강보험체계의 발전에 기여하는 것이므로 공공
복리의 목적을 수행한다고 볼 수 있다. 따라서 대금
결제기한을 강제하는 약사법개정안은 "사적 자치
영역에서 그러한 공공복리의 목적수행이 가능하도
록 조장하고, 그것이 여의치 않을 때에만 실질적 법
치주의 한계 내에서 개입"해야 한다는 헌재결정(헌
재 1995.11.30. 94헌가2 결정)에 위배된다.

　13. 다만 대금결제시기의 계약적 조정으로 공
공복리의 목적수행이 불충분할 수는 있으나 이 경
우 국가는 "조장"하는 역할, 즉, 유도와 조정의 역할
을 수행해야 하며, 이를 넘어 법률로 강제하고, 규
제하고 처벌하는 것은 과잉금지원칙에 위배된다.

IV. 대안 : 규제와 처벌에서 유도와
조정으로

　14. 병원과 의약품 판매자가 대금결제기한에
대한 협상 · 조정 · 합의를 하여 상생의 관계를 이루
고 있어도 '개별'거래관계에서는 부정의함이 일어날
수 있다. 그러나 약사법개정안은 이러한 개별사안

의 부정의를 '모든' 사안의 부정의로 '일반화'하는 오류를 범한다.

15. 개별거래관계에서 일어날 수 있는 부정의는 규제와 처벌의 법과 이를 강제하는 국가의 역할이 아니라 유도와 조정의 법과 (행정)지도를 하는 국가의 역할에 의해 개별적으로 극복하여야만, 과잉금지원칙, 사적 자치의 원리, 법치국가원리 등에 위배되지 않게 된다.

16. 의약품거래계약의 개별적인 부정의를 교정하는 제도로 다음과 같은 내용으로 국민건강보험법을 개정하는 것이 타당하다.

1. 의약품 판매자에게 대금조기 결제를 유도하는 행정지도 신청권 인정.

2. 행정지도의 절차에서 요양기관에게 청문권을 보장함.

3. 행정지도는 요양기관의 재정상태, 의약품공급계약의 계속적 이행 상황, 의약품 판매자의 재정상태의 정도 등 다양한 요소를 종합적으로 고려('이해관계를 조정')하여 부득이한 경우에만 함.

4. 의약품공급계약의 당사자들이 속한 사업자단체(예: 병원협회, 의사협회, 대한약사회, 한국제약협회, 한국의약품도매협회)들이 의약품 대금지급 기한에 관한 자율협약을 체결하고, 이를 계약당사자들이 따르도록 권고함.

5. 자율협약이 이행 불가능하거나 예측 불가능한

사정변경이 있었던 경우에는 새로운 협약체결을 유도함.

17. 의약품 대금의 늦은 결제가 초래하는 개별 사안에서의 부정의를 교정하기 위한 유도와 조정의 법은 사회보장의료보험체계의 기능을 위한 법이므로, 의료(의약)생활세계를 규율하는 기본법인 의료법이나 약사법이 아니라, 사회보장법인 국민건강보험법의 개정을 통해 마련되어야 한다.

찾아보기

《저자 약력》

1961 서울출생
1977 서울 중앙중학교 졸업
1980 서울고등학교 졸업
1984 고려대학교 법과대학 졸업
1986 고려대학교 대학원 졸업 (법학석사)
1991 독일 프랑크푸르트 대학교 대학원 졸업
       (법학박사 Dr.jur.)
현재 고려대학교 법학전문대학원 정교수
       국가생명윤리심의위원회 위원
       한국법철학회 회장

의약품공급계약과 사적 자치

2014년 3월 5일 초판인쇄
2014년 3월 15일 초판발행

저 자 이 상 돈
발행인 이 방 원
발행처 세창출판사
　　　서울 서대문구 경기대로 88 냉천빌딩 4층
　　　전화 723-8660 팩스 720-4579
　　　E-mail: sc1992@empal.com
　　　Homepage: www.sechangpub.co.kr
　　　신고번호 제300-1990-63호

정가 16,000원

ISBN 978-89-8411-460-9 93360